ヨベル新書
054

メッセージ集

神の
狂おしいほどの愛

松島雄一
［著］

YOBEL,Inc.

凡例

1）聖書各書の書名、固有名詞、引用文は原則的に日本聖書協会「口語訳」に準拠。

2）聖書以外の固有名詞、神学用語も、日本正教会で用いているスラブ語音訳は使用せず、日本のキリスト教会で一般的な表現に変える。

例：金口イオアン→イオアンネス・クリュソストモス、聖神→聖霊

3）正教会の祈祷文の引用は日本正教会訳にもとづき、必要に応じ一般的な用語を添える。

まえがき

本書は著者が主に日曜の礼拝で語った説教、また折に触れて諸紙誌に寄稿したエッセーから、いくつか選んでまとめたものです。正教会の主日礼拝はユーカリストすなわち聖体礼儀という、前半の聖書の読みを中心にした部分と、後半のキリストの体と血へと聖変化したパンとぶどう酒を信徒が分かち合う機密（秘蹟）の部分とによって構成されています。この聖書の読みと機密とが結びつけられていることは大変重要な意味を持ちます。

初代教会では今日のように、聖書を個人的に持つ、あるいは「読む」ことができるのはごく一部の富裕な人たちや聖職者だけであり、聖書は何より教会の礼拝、とりわけユーカリスト（正教では「聖体礼儀」、カトリックでは一般に「ミサ」、プロテスタントでは「聖餐式」と呼ばれる感謝《ユーカリスト》の祭儀）で「聞く」ものでした。

聖ユスティノス（100年頃―165年頃）はその様子を次のように紹介しています。これは初代教会のユーカリストを伝える、今日知られる最も古い記述の一つです。

「太陽の日と呼ぶ曜日（日曜日）には、町ごと村ごとの住民がすべて一つ所に集い、使徒たちの回想録（訳注・福音書）か預言者の書（訳注・旧約聖書）が時間のゆるす限り朗読されます。

朗読者がそれを終えると、指導者が、これらの善き教えにならうべく警告と勧めの言葉を語ります。それから私共は一同起立し、祈りを献げます。そしてこの祈りがすむと……パンとぶどう酒と水が運ばれ、指導者は同じく力の限り祈りと感謝を献げるのです。これに対し、会衆はアーメンと言って唱和し、一人一人が感謝された食物の分配を受け、これに与ります」（『第一弁明』67・3―67・5　柴田有訳『キリスト教教父著作集Ⅰ』）。

このように初代教会の信徒たちにとって、ユーカリスト体験は「みことば」体験と一つでした。また「みことば」体験はユーカリスト体験と一つでした。これは様々な媒体から手軽に「みことば」に触れることのできる、今日のクリスチャンたちが忘れてしまっている、あるいは失ってしまっている体験です。「みことば」から切り離されると機密は「魔術」と受け取られる危険に陥ります。反対に機密がなければ「みことば」はたんなる「教義」あるいは「テキスト」に還元されてしまい、「いのちのことば」は死んでしまいます。

このような「みことば」と「機密」の分かちがたい一致であるユーカリストで語られる説教は当然のことですが、信徒たちをその機密で受けるキリストの愛、神の愛への感謝へ向かわせることを強く意識したものとなります。信徒ばかりではなく教会の扉をたたく未信徒たちの心をも、この愛への焦がれへと向かわせるものでなければなりませんでした。A・シュメーマン神父はその著『ユーカリスト』で次のように述べています。

「今日、説教には疑いなく一つの傾向、ないしは危機が認められる。この危機の本質は、説教者側の語る力の無さ、文体《スタイル》の欠如や知的貧困にあるのではない。もっと根の深いものである。教会の集いで何が説かれなければならないかが忘れられているということだ。今日でも説教は知的で、興味深く、教訓的で、慰めに満ちたものであり得るし、そういう説教を語る者は多い。しかしこれらの要件は決して『よい説教』と『悪い説教』を区別する基準ではなく、その真の本質とは無関係である。説教の本質は教会の集いで読まれた福音との生きたつながりの中にある。真の説教は知識豊富で有能な者による聖書朗読箇所の詳細な講解でも、説教者の持つ神学的知識を聞き手に伝達することでも、福音のテクストの一部に触発された「瞑想」の披瀝でもない。説教は「福音についての」説教ではなく、福音それ自体の宣言にほかならない」（『ユーカリスト――神の国のサクラメント』第4章「言葉」の機密、106頁、松島雄一訳　新教出版社、２００８年）。

拙著がこの、礼拝において聖霊に賦活された「福音それ自体の宣言」として、読者の心に届きますよう、祈るばかりです。

最後に本書の書名「神の狂おしいほどの愛」について、少しお話しします。

> 「キリストは、神のかたちであられたが、神と等しくあることを固守すべきこととは思わず、かえって、己をむなしくして僕のかたちをとり、人間の姿になられた。その有様は人と異ならず、おのれを低くして、死に至るまで、しかも十字架の死に至るまで従順であられた」（ピリピ2・6―8）。

ビザンティン時代の在俗神学者ニコラス・カバシラス（1323～?）はこの、福音が伝える神・キリストの愛を「狂おしいほどの愛（マニコス・エロス）」と呼びました。彼はこう言っています。

「この愛と比べられる愛が他にあるだろうか。人はかつて何かを、主イエスが示したあれほどの大きな愛で愛しただろうか。人の母親があれほどの優しさで子を愛したことがあったろうか。人の父親もまた。誰がかって、この神・キリストが表した『狂おしい愛』に駆られたことがあっただろうか……。その愛によって主は、彼が愛した当の者たちから傷つけられることを、彼らへの愛を少しも失うことなく、自らその残虐な仕打ちを堪え忍んだ。そればかりか何にもまして、まさにその受けた傷を、人々の前に高く掲げたのだ」（「キリストにある生活」第6書第3章）。

この愛の狂おしさの極限をカバシラスは、キリストの聖体・聖血すなわちパンとぶどう酒、私たちの「食べ物」にまで身を落とした神の愛に見たのです。この愛を讃える彼の主著「キリストにある生活」は何よりも、聖体礼儀を中心にした機密的生活への招きの書です。彼にとって、そして私たち正教信徒にとって「神の国」の福音とは、何よりもまず、このキリストが「取りて食らえ、取りて飲め」と命じられた聖体礼儀、すなわち教会の「集い」に人々が集められたことそれ自体が「救い」であることです。本書に集められた説教が、繰り返し聖体礼儀に言及される理由をお話しさせていただきました。

正教会の聖書日課（Lectionary）と本書の構成について

本書の第一部「礼拝説教から」は、43話の説教を正教会の一年間の教会暦を意識して配列しています。正教の教会暦は毎年同じ日に行われる固定祭日と、毎年行われる日付が変わる復活大祭を中心に配列される移動祭日（移動暦）が構成しています。移動暦は復活大祭を起点として、五旬祭（聖霊降臨際）までの五十日間の「五旬祭期」、その後の三十二週にわたる「通常期」、最後は大斎準備週間（三週）、大斎期（六週）、受難週と続き、終点であり同時に起点である復活大祭を迎えます。それぞれの期間の主日（日曜）には、その期間に示される福音的な霊性《いきかた》へと人々を導く福音箇所が読まれます。その福音箇所の指定は今日世界中のすべての正教会が、驚くべきことに何の教令にも基づかない伝統への自発的な従順によって共有しており、八世紀頃には確立していたといわれます

(Casimr Kucharek "The Byzantine Liturgy of St.John Chrysostom")。

拙著第6話は通常期最後の主日「ザクヘイ（ザアカイ）の主日」に行った説教です。この日読まれる福音箇所は、通常期から復活祭への旅立ちを準備する「大斎準備週」への橋渡しにふさわしい、「イエスを見たい」とイチジクの木に登った取税人ザアカイの物語です。移動暦の最初の説教としてここに置きました。

第7話から第10話までが復活祭への旅立ちの準備をする「大斎準備週間」、第11話から第15話までが復活祭への心と身体の準備を祈りと断食によって行う「大斎期」、

第16話は受難週の入り口である聖枝主日、

第17話から第24話が主キリストの輝かしい恵みによる私たちの再生の喜びの日々である、復活大祭から始まる「五旬祭期」に行った説教です。

その後に続く通常期に行った説教は全主日ではなく抜粋しました。第25話から第43話までです。降誕祭などの固定祭日の説教は第1話か第5話にまとめました。

神の狂おしいほどの愛　目次

神の狂おしいほどの愛

第一部　礼拝説教から

第1話　平凡を生きる――空白の三十年

降誕祭に

今日《こんにち》でこそ教会はキリストの誕生を壮麗に祝い、イルミネーションで輝く街は人々の群れとクリスマスの歌声であふれますが、実際はひっそり人々の目から隠されていました。夜空が一瞬きらめき渡り天使たちの歌声にさざめいたのに気づいたのは、ほんの一握りの人たちでした。

しかし真の「ユダヤの王」、救い主の誕生により自らの権力が脅かされることを恐れたヘロデ王は、怯える者の敏感さで主の誕生を察知し、ベツレヘムとその近傍《きんぼう》の二歳以下の男子を殺しつくしました。イエスとその家族はすんでの所でこれを逃れエジプトへ避難し、ヘロデ王の死後イスラエルに戻り、ガリラヤ地方のナザレという町で生活を始めました。

その後、イエスがどのように成長したか福音書は何も伝えません。ルカ福音書に十二歳の時の逸話があるだけです。私たちはいきなり、ヨルダン河畔で大群衆と共に前駆《ぜんく》授洗《じゅせん》ヨハネ（バプテスマのヨハネ）の洗礼を待つ三十歳の主《しゅ》に出会います。この空白は、その三十年間には伝える価値のあることは何ごともなかったことを意味するのでしょうか。せいぜい、主の宣教開始までの準備と成長の期間にすぎなかったということでしょうか。

ところで皆さんは「毎日どんなふうに過ごしていますか」とか「あなたの人生について教えてください」などといきなり聞かれたら、とっさにどう答えますか。

「取り立てて何ごともありません」というのが大半の方の答えではないでしょうか。心をハラハラドキドキさせる刺激的な出来事など滅多になく、これまでも格別ドラマティックな半生ではありませんでした。毎日職場で手慣れてはいるものの退屈な仕事を片づけ、主婦であれば洗濯、掃除、食事の支度に一日をあわただしく過ごし、子供たちは学校で毎日眠気と闘いながら出席をこなしていきます。

イエスの空白の三十年も同じように「取り立てて何ごともない」三十年だったのでしょう。何か秘密めかしたことがあったわけではなく、ほんとうに特筆すべきことはありませんでした。だから何も伝えられていないのです。しかしこれは、その三十年間に何の意味もなかったということではありません。「人類救済のわざが着々と整えられていた偉大な待機の時」なんて大仰なことでもありません。取り立てて何ごともない単調な日常を主が、何も記録が残らないほど徹底的に平凡に過ごした、そのこと自体が大きな意味を持つのです。

四世紀の聖師父、ナジアンザスの主教聖グレゴリオスはこう言います。

「キリストに分かち合われないものは何もあがなわれない」。

神が人となってこの世に生まれました。その時、人は神との交わりへの道を再び歩み始められるようになりました。神が人の肉体をとりました。すなわち神が人の肉体を分かち合ってくれました。その時、私たちの肉体は、手を上げ、声を上げ、神をたたえ、互いに愛を差し出し合うための、神が望んだ通りの肉体へと回復されました。キリスト・神は十字架で肉体的な苦痛をしのび、失望と孤独への煩悶《はんもん》のうちに息を引き取りました。すなわち人の苦痛、苦悩、そして死を分かち合ってくれたのです。その時、私たちの苦痛、苦悩、死は神に分かち合われた苦痛・苦悩・死へと変えられ、今度は私たちの側が主の復活を分かち合うための「過ぎ越し」の道、生命の入り口となりました。

もうおわかりでしょう。空白の三十年間、キリストは「取り立てて何ごともない」私たちの日常をも分かちあってくれたのです。日常はその単調さの中で人が朽ちてゆく場ではなく、キリストの日常を分かち合い生命を輝かす場へと変えられました。業病《ごうびょう》に苦しみ死に直面する人たちの、また修道士や聖職者たち特別な使命に生きる者たちの、張りつめた時間だけではなく、むしろこの私たちの単調な日常にこそ神の生命と愛があふれ、恵みへの感謝と喜びが貫かれていなければなりません。だからこそ神は人となった時、王や司祭や学者ではなく小さな町の普通の家庭の普通の少年、そして平凡な親の平凡な仕事を当然のこととして継ぐ平凡な大工になりました。私たちの神への最高の献げものが一体何なのかを日常をおとしめず、日常に耐え、与えられた職業を誠実にこつこつ果たしていくことで示したのです。

復活した主は弟子たちに「ガリラヤへ行け、そこで私に会えるであろう」と命じました。ガリラヤのナザレで過ごした主の平凡な日常、そして私たちの日常、私たちのガリラヤ、そこにこそキリストが私たちとどう関わるのかを問う鍵があります。

第2話　天が開けて——ヨルダン川での神現《テオファニイ》

神現祭に　マタイによる福音書3章13—17節

前駆授洗《ぜんくじゅせん》ヨハネにヨルダン川に沈められたイエスが水から上がったとき、にわかに「天が開け」たと福音は伝えます。マルコは、マタイが「天が開け」と表現した同じ出来事を「天が裂けて」といっそう印象的に伝えます。（マタイ3・16、マルコ1・10）

「天が開け」、あるいは「天が裂け」、……このイメージには「天は閉ざされている」という、私たちが生きている現実が向き合わされています。ほんとうは見えるはずのものが、見えていない。ほんとうは聞こえるはずのものが、聞こえていない。ほんとうは味わえるはずのものが、味わえない……。私たちが「これしかない」と思い込んで生きている現実が、「閉ざされ」ている現実だからです。神が創造し、人をそこに生きる者として創った本来の現実に対して、閉ざされている現実だからです。私たち人は、その現実に長い長い間、閉じ込められ続けたあげく、この現実こそがすべてと思い込んでしまっています。

しかし、人となった神の子・イエスがこの世へ来て、その十字架の死と復活によって天と地を再び結び合わせました。天が裂け、新しい現実が人に開かれました。人に問われているのは、この新しい現実をどう生きるかです。

天が開けたとき、ヨルダン川の水辺に神の子・キリストが立ち、聖霊が鳩のかたちでその頭上を舞い、天上から父の声が響き渡りました。「天が開け」て示された新しい現実は三位一体の神の「愛の現実」です。争いと分裂の現実、憎しみと孤独の現実が覆い尽くす世界に、この三位一体の愛の現実が、「神の現れ《テオファニイ》」として人々に差し出されました。

これまで私たちは争いと分裂、憎しみと孤独こそが現実であり、愛は一時のまぼろしに過ぎないと思い込んで生きてきました。私たちはこの世に覆い被さっている天が、実はいつの時にか人が罪によって閉じてしまった天であることを忘れ、そのような天の下でしか生きられないと思い込んでいました。しかしいまや新しい愛の現実の中で、罪のよどみとしての「水」が聖なるいのちの水に変えられ、その水に沈められた私たちは文字通り、よみがえりへと「すくい出され」、開かれた天へと、新しい現実へと引き上げられてゆきます。

三位一体の愛の現実と申しました。しかしその愛は、自己定罪へと人を追い詰め、道徳として覆い被さってくる「愛」ではありません。「愛さない者は地獄に落とされる」、そう脅しつける「愛」ではありません。そんなものは神が私たちに差しだし、また私たちに求める「愛」ではありません。誤解を恐れずに言えば、その愛の味わいは限りなく恋の味わいに似ています。天が裂けます。ついに思いを遂げた恋人たちと同じように、閉ざされていた感覚のいっさいが心と体を貫き、法悦に慄《ふる》えさせます。

ヨハネの福音が「友のために自分の命を捨てる、これ以上大きな愛はない」と教える、その愛を生きる者には、心と体のすべてをあげて自分をそこへ投げ出してゆく、官能の慄えと一つになった「喜び」が約束されています。

聖人たちの生涯には、この愛のエピソードがあふれています。無数の人々が神を愛し、命を捨てました。無数の人々が心を灼《や》き続けてきた憎しみにうち克ちました。無数の人々が倒れ伏した人々のために自分を犠牲にして働きました。彼らははたして、「そうしなければ地獄に落とされる」と怯えて、自分をそのような「自己犠牲」へと、「愛」と名付けられた「道徳」へと追い詰めた人々だったのでしょうか。彼らははたして「そうすれば天国へ入れてもらえる」と報いを期待して、「愛の行い」に励んだ人々だったのでしょうか。

違います。みな「天が開けた」のを、主イエスと共に仰ぎ見た人々です。いまや愛することは神ご自身の喜びの分かち合いです。神は「さあ、私の喜びに入れ」（マタイ25・21参照：「主人と一緒に喜んでくれ」）と、私たちに愛のチャンスを人生のそこかしこで贈ってくれます。それを進んで受け取るとき、痺れるような魂の慄《ふる》えの内に、その神の喜びが自らの喜びと一つになります。

すべては、愛をまぼろしと思い込む私たちを神が悲しみ、独り子イエスを通じて愛してくれたことから始まりました。私たちは聖体礼儀《ユーカリスト》（パンとワインをキリストのまことの体血として信徒が分かち合う礼拝式）という、神が私たちに贈ってくれた礼拝の乗り物に乗って、その開かれた天、神の愛のもとへと昇ってゆきます。愛を喜びとして、法悦として知るために……、天はもはや閉ざされていないことを知るために……。

第3話　光栄から光栄へ――変容の分かち合い

主の変容祭に　マタイによる福音書17章1―9節

よほどウカツな人でない限り人は「人間というのは、なかなか厄介《やっかい》なもの」だと知っています。自分を棚に上げて「しょうもない奴ばかりだ」と年中ぷんぷんしている人もいますが、多くの人はその厄介さを、まず自分のこととして知っています。そして拭いきれない疲れにまとわれ続けています。

私たちはこの人間の厄介さを、逃れられない宿命・定めであると思い込んでいます。だから余計な人間関係に巻き込まれて厄介の種を増やさぬようにと、できるだけ自分の世界に閉じこもろうとします。仕事や学校での人間関係は仕方ない、でも私生活ではできるだけ人と関わらずひっそりと気ままに過ごそうと引きこもります。そうも言ってられないときでも、人前では如才なく、きびきびハツラツと振る舞ってみせても、「自分」

というものにはがっちり鍵をかけて、生きることのデリケートでやわらかい部分に、触れてこようとする人がいると、ピシャッと撥ねつけてしまう。こんな風に「寂しく」生きています。それでよいとは思っていませんが、あきらめています。人間の厄介さは変えられないのですから。

キリストが高い山のいただきで、その顔が太陽のように輝き、衣は光のように白く変わったという「変容」のできごとは、この「変われない」という思いに閉じこもる私たちに、人は「変われる」というまさに直球のメッセージを投げ込みます。

正教会は、変容した主から輝き出た光は、それまで隠されていた主イエスの神性を顕す光、やがて復活の日、主ご自身が身に帯びる輝きを、弟子たちにあらかじめ垣間見せたものと教えてきました。

主の変容を目の当たりにした三人の弟子たちは、驚きのあまりその場にうち伏してしまいました。何という、恐るべきお方！ ……しかしイエスのなさったことで、イエスというお方に関することで、私たちに、また私たちの救いに関係のない事は何一つありません。主は「恐れ入ったか！ そこに直れ！」と、自分の権威を示すために光栄を顕わしたのではありません。実はこの光り、この輝きと関わりのない「人の救い」というものは考えられないのです。正教の確信です。

生神女《テオトコス》マリヤ（正教会は初代教会からのテオトコスというマリヤへの尊称を今日までうけ継いでいる）から生まれ人となった神、キリストの生涯はすべてが、私たちとの分かち合いでした。ゴルゴダの丘への道行きで重たい十字架を担いきれなかったキリストの弱さは、私たちの弱さの分かち合いです。死を目前にしたキリストの怯えや苦しみは、私たちの死への怯え苦しみの分かち合いです。弟子たちに裏切られ見捨てられた十字架のキリストの孤独は、「自分《おれ》が、自分《あたし》が」という思いで互いに互いを切り離してしまった私たちの孤独の分かち合いです。キリストの死は、いつかは確実に死ななければならない私たちの死の分かち合いです。

しかしこれらの弱さを、苦しみを、孤独を、ついには死を、私たちと分かち合ってくださったキリストは復活しました。キリストの苦しみが私たちの苦しみであれば、またキリストの死が私たちの死であれば、キリストの復活は私たちの復活です。

ならば、変容された主の発した光が復活のキリストの光であるなら、主の復活を分かち合った私たちはこの光をも分かち合うでしょう。主の変容が分かち合われるのです。

私たちは人となった神、イエス・キリストが私たちを分かち合ってくださったことによって、主が「高い山」の山頂で示した「変容」をも分かち合います。人は「変われる」ものとされました。

これを聖使徒パウロはコリント人への手紙のなかで「わたしたちはみな、顔おおいなしに、主の栄光を鏡に映すように見つつ、栄光から栄光へと、主と同じ姿に変えられていく」（Ⅱコリント3・18）と、果てしなく輝きを増してゆく目もくらむような変容のイメージで賛美しました。

「アホらしい、変われるもんか！」そう仰るならこう申し上げるほかありません。変わらないなら滅びます。人には栄光から栄光へと高められてゆくか、寒々とした孤独の中で底なしの闇へ、闇から闇へと落ちていくか、二つの道しかありません。そして初代教会がほとんど聖書のように大切にした書、「ディダケー」（「十二使徒の教訓〔「ディダケー」〕」荒井献編『使徒教父文書』所収、講談社文芸文庫、1998年。多くの学者によって1世紀後半に成立した文書と考えられている。文書は最初のカテキズム（教理問答）と見なされ、洗礼（バプテスマ）と聖餐、キリスト教の組織についての三つのおもな項目からなる。）も言うように、私たちの前には「生命の道」と「死の道」しかありません。どちらでもない中間の道などありません。

私たちはちょっとした病気やしくじりで怯えふるえはじめます。しかし、どんなときにも「栄光から栄光へと、主と同じ姿に」すなわち苦しみや屈辱を耐え人々を愛し抜いたイエスと同じ姿に変わっていける道があることを、忘れてはなりません。主はその死と復活によって私たちのために救いの道、生命への道を備えてくれたこと、それを信じて立ち上がり、歩み出さなければ、私たちはやがて不安と不信にとらえられ、心を嫉妬や憎しみで焦がし、やがて燃え尽きてしまいます。

地にうち伏してしまった弟子たちへ主は「起きなさい、恐れることはない」（マタイ17・7）と呼びかけました。この呼びかけは、今も私たちへ向けて繰り返され続けています。

第4話　生神女マリヤ——神に申し出られた女

生神女マリヤの祭日に　ルカによる福音書10章38—42節、11章27、28節

今回は、生神女《しょうしんじょ》マリヤの祭日に読まれる「マルタとマリヤ」のお話。

マルタとマリヤの姉妹に招かれたイエスに、マルタがぷんぷんして訴えます。「私があなたのもてなしの準備にこんなに忙しくしているのに、マリヤったら知らんふりであなたの足もとに座り込んでお話に夢中。何とか言ってください」。イエスは、たぶん優しく微笑みながら、「マルタさん、あれもこれも何もかもぬかりなく、ちゃんとやろうとするから、大切な一つのことがわからなくなってるんですよ。マリヤはその大切な一つを選んだんです。邪魔しないで、見守ってあげてください」。

そして正教会の福音の読みでは、福音経《ふくいんけい》（正教会で礼拝用に纏められた福音書をこう呼ぶ。）を三ページ分ほどもジャンプして、次のように結ばれます。

「これを言ふ時、一人の女、民の中より声を上げて彼に言へり、爾《なんじ》を孕《はら》みし腹と、爾が吸ひし乳とは福《さいわい》なり。彼は曰へり、然り、神の言葉を聴きてこれを守る者は福なり（正教会は「いや」と逆接に記される原語を「然り」と順接に訳す。原語には逆接と順接の両方の用法がある。）」。

主がマルタを諭したお言葉を聞いて、感嘆した婦人が「あなたを生んだ腹と、あなたにお乳を飲ませた乳」すなわち、あなたの母マリヤは何とさいわいなことでしょうと叫びました。別々の二つのエピソードがつなぎ合わされた結果、そういう話の流れになっています。それを聞いたイエスのお答えは「その通りだ、神の言《ことば》を聞いてそれを守る人は、さいわいである（めぐまれている）」でした。

「神の言葉を聞いて、それを守る者」。ここにはご自身の母マリヤと同時に、自分の足もとで耳をかたむけているマルタの妹マリヤが重ね合わされています。さらに神の言葉を聞いてこれを守る者すべてへ、主の眼差しは及んでゆきます。「何とさいわいなこと」と叫んだ婦人と、彼女と共にいる人々、そして今ここでこの福音に心を向けている私たちすべてに、「そうだ、あなたたちはさいわいだ、恵みのうちにいるこの祝福を喜びなさい、そしていっそう神の言葉に耳をかたむけ、それを守って、さらなるさいわいに、さらなる喜びに入っておいでなさい……」。

　このあふれ出て、この世全体に及んで行くさいわい・祝福の、そもそもの始まりが、天使ガブリエルから示された「おめでとう、あなたはいと高き者の子と呼ばれる男の子を生むだろう」という神のお言葉へのマリヤの従順でした。しかし従順とは言っても、怯えふるえあがって服従したのではありません、彼女の「お言葉どおりになりますように」という同意はガブリエルの言葉をうけとめて直ちにではなく、しばらく「思いをめぐらせた」末のものでした。これは重要です。マリヤは神から一方的に、神の子・キリストを生むためのいわば「借り腹」として有無も言わせず「動員」されたのではありません。神はマリヤに「いかがでしょうか」と提案したのです。かたじけなくも「お申し出」くださったのです。世界を創造されたお方が、その被造物の一人、まさにその「はしため」に過ぎない一人の女に、意向を尋ねてくださったのです。それはとりもなおさず、私たち一人ひとりにも、このマリヤからあふれ出た同じ「さいわい」が与えられようとしていることを意味します。神さまは、頑なに自分の意地やこだわりに閉じこもっている私たちの内に、「神の言葉に耳をかたむけ、それを守る」者をあえて見てくださり、「私の恵みを受け取って、わたしの喜びに入ってきませんか」と、わたしたちへ申し出てくださっているのです。私たちは命じられているのではなくて、「いかがでしょうか」と提案されているのです。人はそれほど神さまから愛されているのです！

マリヤは特別な存在ではありません。彼女もまた「原罪」、アダムの陥罪（罪に陥《お》ちてしまったこと。堕罪。）の結果人を汚染してしまった「罪を犯しやすい傾向」、言い換えれば「人間性の病」をそなえて生まれました。私たちと同じです。これはとても大切なマリヤへの理解です。十九世紀半ばにローマカトリックが正式の教義とした「原罪を負わずに生まれた」マリヤという理解は、誤りであると正教は断言します。この確信があってこそ、「あなたのお母さんはなんて素晴らしい」という叫びに、イエスと一緒に「然り、その通り」とマリヤを讃えることは、私たち人間全体を讃えること、マリヤにあり得たことは、私たちにもあり得るという、まさに福音となるのです。

　マリヤが神の申し出を受けとって「神の子」を生んだなら、私たちもまた、人生の折々にかたじけなくも申し出られる、神の「ご提案」を受けとり続けることで、生涯をかけて自分を「神に似る」者とされてゆく、すなわちマリヤと同じように「神を生む」者とされてゆくさいわいを受けるのです。

　その第一歩が、聖体礼儀《ユーカリスト》での「取って食べよ、取って飲め」という主イエスの「お申し出」を、受け取ることです。

第5話　十字架――苦しみを受け葬られ

十字架の祭日に

「我ら人々のため、また我らの救いのために、ポンテオ・ピラトの時、十字架に釘打たれ、苦しみを受け……」

三二五年と三八一年の全地公会議で、全教会が確認し合った正統信仰の宣言、ニケア・コンスタンティノープル信経《しんきょう》（ニカイア・コンスタンチノポリス信条）はこう告白します。

「我らの救いのために」イエスは十字架で苦しみました。私たちの救いのためには主の苦しみが必要でした。

しかしあらためて「なぜ？」と問われると……。

「イエスの宣教が思い通りであれば、主の苦しみはなかったはず、……苦しみは主の宣教活動のしくじりの結果に過ぎず、主の思い描いていた『救い』には本来必要なかったのかもしれない」。

　そんな疑問さえ心に浮かびかねません。

　教会はそれでも、主の十字架の苦しみと死を「救いのわざ」と理解してきました。もちろん十字架は復活と表裏一体です。しかしそれは十字架が、死ななければ復活できないという、復活に不可欠な論理的前提条件だったことを意味していません。考えてみてください。もしそうなら、なぜあれほどの苦しみが必要だったのでしょう。お釈迦様のように弟子たちに囲まれ安らかな死を死に、三日目にニッコリ復活！　では、なぜだめなのでしょう。最愛の「独生子《ひとりご》」の苦しみが神の目論見《もくろみ》はずれの不幸な結果ではないなら、何か理由があるはずです。

　人が、私たちが、この世に生きることは苦しいことだからです。そして、その苦しみには意味がなければならないからです。

　キリストは人となった神です。初代教会はこの神秘を神の子は「おのれをむなしうして僕のかたちをとり、人間の姿になられた。その有様は人と異ならず、おのれを低くして、死に至るまで、しかも十字架の死に至るまで従順であられた」（ピリピ2・7―8）と讃えました。主は私たちが背負うものはすべて背負いました。「代わりに」ではなく「共に」です。もし、私たちの罪に対する刑罰の苦しみを、主が「代わりに」十字架で受けてくださったというなら、なぜ私たちは依然として苦しみにあえいでいるのでしょう。

人となった神・キリストの苦しみは私たちのこの苦しみを神と共にする苦しみに変え、復活にいたる道へと意味を与えてくださった、……そうであってこそ、十字架の苦しみは、私たちの救いにとって意味があり、また私たち自身の苦しみは無意味ではありません。それを信じないなら、この世の苦しみは無意味な、持って行き場のない憤りを、ただただ燃え上がらせ、ついには私たち自身を燃やし尽くしてしまうだけの不条理に過ぎません。誰がいったい、そんな苦しみに「耐えなさい」などと、言えるでしょう。

「神は不公平だ、自分だけがどうしてこんなに不幸せなんだと」と叫ぶ人がいつの時代にもいます。私たちの心の中にもいるかもしれません。いや、確かにいます。まったく切実で、正直な問いです。そう叫ぶ人たちを「信仰が足らない」と裁くことのできる人はいません。「神は私たちに耐えられないような試練は与えません」（Ⅰコリント10・13）

などとしたり顔で使徒の口まねをする資格など誰にもありません。その叫びへの答えを「この世」で見つけることはできません。

主イエスでさえ、私たちのこの「神様、どうして」という叫びを裁かず、反対に十字架の上で、ご自身が「神よ、神よ、どうして、私をお見捨てになったのですか」と叫ばれました。何と神であるお方が！　私たちと共に！「神からも無視されてしまった」、「神からさえも見捨てられてしまった」という、人の究極の苦しみを、人の究極の孤独を共にしてくださいました。しかしここにこそ、私たちの存在の最も深いところから私たちを揺さぶりあふれてくる喜びの「逆説」があります。神であるお方と共にする苦しみ、共にされた孤独は、もはや苦しみでも、孤独でもありません。私たちの苦しみはすべてこのキリスト、生命であるお方に導かれ、生命であるお方と共に、生命であるお方に向かっての歩みへと変えられました。ここにクリスチャンの希望があります。この神、キリストの愛を受け入れ、その十字架の苦しみを今度は私たちが進んで分かち合うならば、主と共によみがえりへの、いのちへの道を歩み出すことができるという希望です。この希望に励まされ私たちは主の死に与り、そしてその復活にも与る洗礼を受けたのです。また日々、信仰を新たにしてゆくのです。やがて訪れるこの世との別れを「旅立ち」

として、よみがえりへの「過ぎ越し《パスハ》」として受け入れる支度ができるのです。

正教会は十字架の祭日には、十字架を美しく花で飾り、それに伏拝し、口づけします。そこにあるのは、私たちの罪の償いの十字架であるよりは、「生命を施す」十字架です。「恐れることはない、私はすでに世に勝っている」（ヨハネ16・33）と宣言されたお方の勝利のしるしです。

第6話　「急いで降りておいで」――見たいというのぞみ

大斎準備週を目前に　ルカによる福音書19章1―10節

イエスが町にやって来ました。取税人の頭《かしら》のザアカイは、人々のざわめきを聞いているうちに、イエスを見たくてたまらなくなりました。そして意を決し、通りに出ていきました。しかし人垣に遮《さえぎ》られ、背の低い彼にはイエスが見えません。そこで彼はそばのイチジクの木によじ登りました。イエスは彼に目を留め声をかけました。「急いで降りておいで。今日はあなたの家に泊まろう」。ザアカイはこの思いもよらない申し出に躍り上がり、主を家に迎えました。

彼には友だちがいなかったのです。

征服者ローマに代わり税金集めを請け負っていたザアカイは、当然「嫌われ者」でした。「たまには一緒にメシを食おう」と声をかけてくれる人など一人もいません……。

ザアカイは胸を熱くして主に約束しました。「私は自分の財産の半分を貧しい人々に施します。もし不正な取り立てをしていたなら四倍にして返します」。

これを聞いて主は彼に告げました。「きょう、救いがこの家に来た。……私が来たのは、失われた者を尋ね出して救うためである」。


おわかりになりました？　主に救われるためにはまず最初に何が必要なのか。ザアカイが主に約束した、貧しい人々への施しでしょうか？　不正の償いでしょうか？

想像してみてください。大の男がすそをからげて、人々が笑い囃すのにもおかまいなく、子供のように木に登ったんですよ！　ザアカイは「イエスを見たい」とのぞみました。人垣に遮られてもあきらめませんでした。彼の「のぞみ」は、木に登ることで彼の身長《せたけ》の限界を克服しました。彼は主に目を留められ、主の憐みを受け、主の救いの喜びを我がものにしました。貧しい人たちへの施しも、また不正な取り立ては四倍にして返すという気前のいい償いも、その喜びのあふれの表れです。彼は「善い行い」を取引材料にして救いを手に入れようとしたのではありませんでした。イエスを見たくて、たまらなくなって木に登っただけです。

ところで、このザアカイが救われました。情け容赦ない取り立てで人々を苦しめ、ピンハネをくり返して私腹を肥やしていた男が、救われました。しかし反対に、多くの善良な人たちが救いを手に入れられません。昔も今も、たくさんの善良な人々が、気が滅入るほどまじめな人々が、「ピンハネ野郎」のザアカイがついに恵まれた飛びあがらんほどの喜びとは無縁な毎日を、硬くこわばった思いで生きています。なぜ？

……「見たい」とのぞまないからです。心優しく、まじめで、感じよく、善良な人、そんな人だと思われたい、認められたい、そんな人として「見られたい」と心をきりきり舞いにはしても、「見たい」とは決してのぞまないからです。

ザアカイもこの日まで同じでした。「ほんとはよい人だ」と、「ほんとはやさしい人だ」と、みんなに見られたかった、好かれたかった。しかし彼の職業への人々の侮蔑が彼をひがませ、彼はそのひがみの内についに開き直ってしまいました。その開き直りだけが彼を支えていたのです。それがなかったら、彼はとっくの昔に「嫌われ者」としての自分に圧《お》しつぶされていたに違いありません。

しかし彼は、「イエスが来たぞ」というざわめきを聞いたとき、「自分はほんとは何が欲しいのか、何に渇き、何に飢えているのか」に気づき、生きることの一切をそこに向け変えたのです。悔い改めたのです。悔い改めとは、人がその生命《いのち》の一番深い所で求めているものの「発見」であり、自分自身の一切をそこへ「向け変える」ことです。新しい「いのちのかたち」へと身をひるがえし、そこに生き始めることです。


古代教会の偉大な主教、聖アウグスティヌスはこう言います。

「あなたは私たちを、ご自身に向けてお造りになりました。ですから私たちの心は、あなたの内に憩うまで、安らぎを得ることはできません」(『告白録』)。

この、人間がその存在の一番深いところで求めている「あなた」を、私たち人間は「神」と名づけました。私たちがもし「何をしても、何を手に入れても満たされない」なら、実は心の奥底で「神」への求めが燃えているのです。それを認めましょう。「自分は貧乏だから、学歴がないから、友だちが、恋人がいないから、仕事が退屈だから……」、だからほんとうの喜びが手に入らないのではなく、「神」を見たいとのぞまないからなんだ！　これを潔く認めませんか。「わたしは『神』が見たい」と、「そのお方に出会わないなら永久に自分は独りぼっちなんだ」と正直に自分に認めるのです。そしてザアカイと共に人垣をこえて少し高い所に登るのです。いくら背伸びしても、あれこれ考えても神が見つからない、わからないなら、「祈り」という「イチジクの木」によじ登ってゆくのです。そのとき私たちは、「神」が人となったお方イエスの眼差しに捉えられます。「神を見たい」とひたすら求めてきた私たちが、実は神の愛の眼差しにいつも「見つめられていた」ことを見いだします。

「あなたはどこにいるのか」、神は木陰に隠れる「人」へ呼びかけました（創世記3・9）。神のこの呼びかけがついにひとりの男を動かしました。人はいちじくの木を這いのぼり、神の眼差しに出会いました。

第7話　まことの痛悔——砕くのではなく、砕かれる

大斎準備週《おおものいみ》「税吏とファリセイの主日」に　ルカによる福音書18章9—14節

「爾《なんじ》の救いの喜びを我に還《かえ》せ」。

正教会の祈りの中で最も頻繁に耳にする聖詠《せいえい》、第五十聖詠（詩篇51）の祈り（第12節）です。

「神さま、私の心をあなたの救いの喜びでもう一度満たしてください」。……犯した罪の重さで、喜びも楽しみも消え失せ、「心からはればれと笑うことなどもう二度とないだろう」そう嘆かずにはおれない「砕けた魂」（詩篇51・17）の切実な叫びです。

神殿の片隅で「目を天に向けようともしないで、胸を打ちながら」、「神さま、罪人のわたしを憐れんでください」と祈った税吏がいました。彼の心にあったのも同じ叫びでした。彼には、一人のファリサイ人が自分の義しさをいささかも疑わず、「罪人」たる

自分を見下しながら祈っていることなど、まったく目に入りません。彼の前にあるのは自分の罪だけです。荒れ果てた心の無惨さだけです。ダヴィド王が「我はわが不法を知る、我の罪は常にわが前にあり」（50聖詠、詩篇51・5節）と告白する、その同じ「砕けた心」です。

正教会は復活祭に先立つ大斎《おおものいみ》（四旬節）への、さらに準備の三週間、その最初の主日にこの「税吏とファリサイ」のたとえ話を読みます。この「砕けた魂」（日本正教会訳では「痛悔の霊」）こそが、失ってしまった「爾の救いの喜び」を取り戻すためのただ一つの道だからです。

しかしこの道にちゃんと立つのは至難です。「立派な痛悔ができた」という自己満足が「砕けた魂」であろうはずがありません。弟子たちには痛悔の心をとことん極めた聖なる長老としか思えなかったある師父は、死の床で「はたして私は痛悔など始めたことがあっただろうか」と嘆きました（知泉書院『砂漠の師父の言葉』309）。「心を砕いたことなど、あっただろうか」です。「心を砕く」ことなどできないのです。しっかり自分を吟味して、罪を自覚し、おのれの心を粉々に砕いて悔い改めの決意にしっかり立つ、……そんなスポーツ根性ドラマじみたことは、ありえません。心は砕くのではありません、砕かれるのですから。

次の聖歌は「税吏とファリサイの主日」（大斎準備への第1主日）から大斎の期間中、主日の早課（スラブ系教会では通常、土曜の夜行われる）に必ず歌われる祈りです。

「生命を賜うハリストス（「キリスト」の日本正教会訳）よ、我に痛悔の門を開けよ……」。

「私は痛悔すら、自らの罪を知り嘆くことすら、自分の力ではできません、どうか、私のかたくなな心を砕いて痛悔の涙をあふれさせてください……」。

私たちは自分の罪を十分に自覚できないほど、神さまから遠く離れています。その心の現実への厳しく苦い洞察がそこにあります。

しかしこの聖歌はまことに美しく、それが響き渡る聖堂には甘やかな喜びがあふれます。繁華街の雑踏に拡声器からくぐもった声が告げる「悔い改めなさい」という押しつけがましい鉛色のメッセージと、何という違いでしょう。

それは、そう歌う私たちの思いにあるのが「罰への恐れ」ではなく、むしろ「悲しみ」と、そして実は「喜び」だからです。おのれの罪深さを知って、地獄で受ける罰の恐れに震え上がっているのではありません。神さまが、「生命を賜うハリストス」が、憐れんでくださり、今私の心をぼろぼろに砕いてくださった、まことの痛悔を恵んでくださった、悔い改めの門を開いてくださった、やっと私は解き放たれたという喜びがここにあります。同時に、それほどまでに愛してくれているお方を自分が長いあいだ裏切り続けてきたことに初めて気づいた者の、痛切な悲しみがあふれています。この喜びと悲しみが互いに強めあって、高めあって、ついにその極まりで私たちは涙を恵まれます。

正教の聖師父たちは痛悔の涙を神の賜物、神からの贈り物と呼びました。ある聖師父は「すべての罪を洗い流す涙の泉」と呼びました。この涙は、私たちの涙でありながら、実は私たちの内に住まう、キリスト・神の流す涙でもあります。私たちの苦い生き方からこれほど甘いものが、私たちの冷たい心からこれほど温かいものが、私たちの汚れた心からこれほど清らかなものが、あふれ出てくるはずはありません。だからこそこの涙は神さまからの贈り物なのです。この涙そのものが、私たちの救いの証しであるといってもよいほどです。この涙のあふれの中で、神さまの愛に立ち帰ろうと決意すること、これが悔い改めです。まことの痛悔です。そこには悲しみはあっても、恐れはありません。「愛には恐れがない」（Ⅰヨハネ4・8）からです。そしてその悲しみは、神の愛への讃め歌と響き合います。砕かれた心に約束される「爾《なんじ》の救いの喜び」は、やがて復活大祭、深夜の礼拝にあふれる輝くような喜びとして与えられます。

第8話　放蕩息子のたとえ話──もうひとりの主役

大斎準備週間「放蕩息子の主日」に　ルカによる福音書15章11―32節

（大斎《おおものいみ》、放蕩《ほうとう》）

つらいこと、苦しいことがたくさんあります。やっかいなことが度々《たびたび》ふりかかってきます。そして私たちはいつもだれが悪いのか、だれが悪かったのかと犯人捜しをします。犯人が見つかるまで、どうにも居心地が悪い。子どもの頃、テレビで西部劇が始まると「お父ちゃん、あれええ人？　悪もん？　どっちや？」とうるさく尋ね続け父を困らせたものです。そんな私たちですから、最後には悪いやつを懲らしめ正しい者に報いてくれる神が大好きです。そういうお方として神を信じているからこそ、かろうじて不正と悪意に満ちたこの世に耐えていけるのです。

正教会で大斎《おおものいみ》準備週間の第2主日に読まれる福音の主役は、父親から財産をわけてもらい、「やった！」と家出したものの、遊び暮らしたあげく一文無し。コマッタ、コマッタと思案した末に「父さん、ごめん」と、帰ってきた息子です。

しかし今日は、もう一人の主役に注目しましょう。このダメ息子の兄です。彼は父親のもとで父親の言いつけをよく守り、こつこつと黙って働き続けました。彼も父親を、ふまじめな者を懲らしめ、まじめな者に報いてくれる方だと信じていました。だから、悪いやつ、すなわち父をたぶらかして財産をせしめ、家を出て誘惑の渦巻く巷で遊び呆《ほう》けて文無しとなり、食うに窮したあげく豚の餌まで欲しがるという体《てい》たらくで父の名誉を汚し、おまけに恥知らずにもおめおめと帰ってきた弟を、父はぶちのめし放り出すに決まっていると信じていました。ところが父は全く反対に、この放蕩息子を抱きしめ、上等の服を着せてやり、「正式の子」のしるしである指輪をはめてやり、おまけに近所にふれ回り、子牛を一頭奮発して盛大な宴会を催しました。兄はこれを聞いて、アッケにとられるやら、腹立たしいやら、とうとうふてくされてしまいました。その様子を見て父はやさしく兄を諭します。「死んでいた弟が生き返ったのだよ、喜ぶのはあたりまえではないか」。

これは当時のユダヤ教の主流派であったファリサイ派の人々や、その律法学者たちに向けて主が語ったたとえ話です。キリストは神をこの父親になぞらえています。ファリサイ派は神を、悪いやつを懲らしめ正しい者に報いる、即ち律法を守らない者を罰し、律法をまじめに守る者には正当に報いるお方と考えていました。キリストは彼らに「あなたたちはこの兄と同じだ、そのマジメさや敬虔さはうわべだけ、実は神を裏切っている」と告げたのです。

彼らは神の何を裏切っているのか……。

愛です。神の、私たち一人ひとりをかけがえのない子どもとして愛してくれる、その愛です。誰一人、この神の愛を注がれない者はいません。兄息子は父の愛がわかりませんでした。彼のマジメさはご褒美への期待と懲らしめへのおびえによるものでした。弟が帰ってきた時、兄は父とその喜びを分かち合えず、かえって弟への嫉妬から、父の不公平を詰《なじ》りました。兄にも弟にも同じ愛を注ぎ、家族みんなで弟が帰ってきた喜びを分かち合いたかった父は、それを見て、とても悲しかったはずです。それでも、父の愛は一貫して変わりません。父は叱りつけるどころか兄を優しくなだめました。

キリストは神を、悪いやつを懲らしめ正しい者に報いるお方としてではなく徹頭徹尾、私たちに愛を注がれる方としてお示しになっているのです。

従って、私たちはそもそもの主役「放蕩息子」が悔い改めて父のもとに立ち帰って赦されたというこの福音を、「悔い改める者は救われる」という教訓話として受け止めてはならないのです。悔い改める「正しい人」は救われ、兄息子のような自分を正しいとして悔い改めない「悪いやつ」は救われない、……まるで「水戸黄門」。そんな世界にこの愛の福音を閉じこめてはなりません。それはまさに極限のファリサイ主義です。

これほど私たちは神から愛されている。愛されてきたし、これからも愛され続ける。健康な者も病気の者も、不良もまじめ人間も、素直な者もひがみっぽい者も、等しく神の愛をめいっぱい注がれている。このような愛は、子を持つお父さんやお母さんであるなら、誰でも想像がつくでしょう。

一人のお母さんを知っています。少々コマッタお子さんがいらしたのですが、こうおっしゃいました。

「遠いところで一人苦しんでいると思うと、その苦しみがたとえあの子の自業自得であっても、ご飯が喉を通らないんです、食べてももどしてしまうんです」。

主イエスが私たちに促しているのは、この切実で、悲しく、激しい愛を、なんと神も私たち一人ひとりに注いでいらっしゃるという驚くべき発見です。

この福音のほんとうの主役は、放蕩息子でも、その兄でもありません。この神なんです。

私たちが悔い改めたから、神は怒りを解いてくださったのではありません。そもそも神は罪深い私たちを悲しみこそすれ、「背かれて面白をつぶされた」と怒りに凍り付くようなお方ではありません。放蕩息子が帰ってきた時、父は、はるか遠くに姿が見えただけで息子に走り寄り、「ごめんなさい」さえ言わせず、ただ抱きしめました。この、神の私たちへの一貫して変わらない愛、正教のある聖師父（ニコラス・カバシラス）が「狂おしいほどの愛」と表現した愛、その愛の熱さへの立ち帰りだからこそ、「悔い改め」は私たちにとって救いなのです。「善行」だけではなく、「悔い改め」でさえ「神との取引材料」にしてはなりません。

悔い改めの涙は神からの贈り物です。この涙の熱さは、神の愛の熱さなのです。

第9話　最後の審判で——愛さない者は死んでいる

大斎準備週間「断肉の主日」に　マタイによる福音書25章31—45節

主は最後の審判で神の国に迎えられる者を、難儀し苦痛を受け悲しみの内にいる隣人たち、すなわち「最も小さい人々」のために「空腹の時に食べさせ、旅人であった時に宿を貸し、裸であった時に着せ、病気の時に見舞い、獄にいた時に尋ね」た人々だと教えます。そして彼らの愛の行いは主ご自身に対するものだと言います。反対に、これら「最も小さい人々」に何もしてやらなかった者たちは、キリストご自身にしなかったのであり、彼らは「悪魔とその使いたちのために用意されている永遠の火」に入れられるだろうと宣告します。

神の国の喜びと地獄の苦しみの分かれ目は「愛したか、否か」ということです。ただ忘れてはならないのは、主が、「空腹の時に」「渇いていた時に」と、「……の時に助けてくれた」とおっしゃっていることです。この「時に」は、実生活での出会いを前提にした言葉です。私たちが実際の人生の様々な場で出くわす、目に見え、手で触れることができ、声を聞ける、そして血の流れ出る傷口を押さえてやり、叫びや嘆きを聞き、ぽろぽろと落ちる涙を拭ってやれる人たち、その「小さな者たち」一人ひとりがイエスご自身だというのです。私たち一人ひとりを愛しそのために人となった神・キリストご自身だというのです。その「小さな者たち」が難儀しているなら、苦しんでいるなら、悲しんでいるなら、何とか自分にできる精一杯のことをしてやりたいと心を砕いたかどうか、手を差しのべたかどうか、必要なものを提供したかどうか、それが「愛したか否か」、すなわち「神の国」と「地獄」の分かれ目だというのです。

なんだ身近な人々を愛せばいいのか、そんな簡単なことだったのかと、お考えになるかも知れません。しかし「たまに会う人に微笑むのは簡単」です。実は身近な人ほど私たちは愛しにくいのです。

「そんなことはない、私は家族を愛している。友だちや職場の同僚ともうまくやっている」と仰るかも知れません。でもそうでしょうか。気の合わない家族、憎い友人、ねたましい同僚、「フケツ」なあの人だけは別ってこと、ありませんか？
キリストはその人が良い人・親しい人・好きな人だから愛せと命じているのではありません。あなたが出会う人、一人ひとりがみな人である限り例外なく、たとえゆがんでしまっていても「神の像」を宿し、神の愛と憐れみが注がれているからこそ、愛しなさいと命じているのです。

クリスチャンは主の救いにあずかりました。あずかりつつあります。しかし、この救いとは何からの救いであり何をめざしての救いでしょうか。貧困と病苦から救われ、富と健康を回復することでしょうか。もしそうなら、キリスト教は失敗した宗教です。キリストを信じたから殺された人は無数にいますが、不老不死の大金持ちになったという人はいません。キリストの救いとは、切り離された孤独な「個人」が、憎しみと競争心をエネルギーにして生きる生き方から救い出され、「交わり」へと回復され、その「私たち」が互いの赦しと愛のうちに解き放たれることです。「神の国」はこの救いの究極のあり方です。神の愛の内に、それぞれが完全に自由でありながら完全に一致する、三位一体の神の姿の写しとなることです。人を、とりわけ身近な人々を愛さない心、他の人の悲しみや苦しみについに関心を寄せない心が、この神の国の喜びに入れるはずがありません。入ってきてほしいと扉を開いて待つ神にさえ、その頑なな拒絶を翻えさせることはできません。神の途方もない愛と忍耐、そう、私たちから自由を決して取り上げない愛と忍耐に向かい合ったときに、自らをぼろぼろに砕くまで。

「愛そう」とのぞみながらも愛することに失敗するのは、未熟さにすぎません。未熟なら熟練への希望があります。神はその未熟さを助けてくださるでしょう。しかし私たちが「愛そうとしない」なら、そのこと自体が——主・神の愛が十字架の苦しみによって勝ち取り、復活によって・証した「愛の回復としての救い」の——拒絶です。「人は信じられない、神だけを信じる」クリスチャンはあり得ません。実は神すら信じてないのです。「人間関係の煩《わずら》わしさを捨てて、神だけを愛する」という人は、実は神を愛していません。「神を信じている」「神を愛している」と思い込んでいる自分だけを愛し、そこに頑《かたく》なに閉じこもっているにすぎません。これが地獄です。最後の審判で地獄に定められるとは、ついにそれに気づかず、生涯愛さなかったことによって、自らを「愛の回復」としての神の救い――「神の国」から永遠に引き離し、自《みずか》ら地獄にとどまり続けるに至るということです。神が裁くのではありません。

使徒ヨハネは「愛さない者は死んでいる」（Ⅰヨハネ3・14）と断言しました。クリスチャンの人生の歩みはまさに「死からいのちへ移ってゆく」（同3・14）、即ち「愛する者」になってゆく、聖霊の恵みの内で砕かれ、「新しく創造され」（ガラテヤ6・15）てゆく、すなわち「愛する者」へと創り直されてゆく歩みです。

第10話　ひとりでは救われません

――人々のあやまちをゆるすなら……

大斎準備週間「乾酪の主日」に　マタイによる福音書6章14―21節

ある小説家が、宗教改革以来の近代的なキリスト教を「神との直取引《じかとりひき》」と呼んだという話を聞きました。確かにそういう面はあるようです。罪の意識に一人でもがき苦しみ続けてきた者が、その魂のいちばん深い場所で、神と一対一で差し向かい、神の無条件の赦しを信じることで「救われる」……。まさに自分の「信仰」と自分への神の「ゆるし」の「取引」です。

ほんとにそうでしょうか。使徒たちの教会は、ほんとうにそんなことを教えてきたのでしょうか。正教会では復活祭に備える「断食と祈り」の期間（「大斎」）の開始を目前にする主日、その日読まれる福音でこう教えます。キリストご自身の教えです。

「もしも、あなたがたが、人々のあやまちをゆるすならば、あなたがたの天の父も、あなたがたをゆるしてくださるであろう。もし、人をゆるさないならば、あなたがたの父も、あなたがたのあやまちをゆるしてくださらないであろう」（マタイ6・14、15）。私たちが互いに赦し合えば、神も私たちのあやまちを赦してくれる、赦し合わないなら、赦されないというのです。「神との直取引」はここにはありません。一人抜け駆けをして神に直取引を願い出ても、「顔を洗って出直しておいで」と追い返されてしまいます。互いの間でまず赦し合えというわけです。

この主日の前夜の礼拝では、くりかえしアダムとエヴァが神の戒めに背き、エデンの園を追われたことが記憶されます。彼らは蛇に姿を変えた悪魔にそそのかされて、禁じられていた「善悪を知る木」の実をとって食べてしまいました。蛇は彼らに「それを食べるとあなたがたの目が開け、神のように善悪を知る者となる」と囁きます。彼らは誘いに落ちました。本来、人間は、神からあふれ注がれる恵みに自らを委ね、神との交わりを深め、神との一致へと高められてゆくべき者として創造されました。ところが人は、どれほど魅力的で頼もしく見えても神の被造物にすぎない「この世」の力、そう「善悪を知る木の実」に頼って、自分も「神のように」なろうとしたのです。彼らは木の実をとって食べました。とたんに彼らの目は開かれ、自分たちが素っ裸の寄る辺ない、実にはかない存在であることに向かい合わされました。神の手厚い保護から自ら離れ去って、楽園の外の不毛の地に立ちつくすほかない、無力なおのれの姿を目前に突きつけられました。

これが神をこの上なく悲しませた「あなたがたのあやまち」です。お互いのあやまちを赦しあえば赦されるとイエスが言う「あなたがたのあやまち」とは、この、人がすべての人々と分かち合っている、神に対して犯した人間全体のあやまちです。このあやまちの結果と責任を免れる人はいません。どんなに、道徳的に正しい罪のない生活を送っている人でも「自分には関係ない」と言うなら、そう言いつのること自体が、神との愛の交わりを失った末に、互いにも切り離されて交わりを失った「人」の生き方の極限のあらわれです。

神は「人がひとりでいるのはよくない」（創世記2・18）と言いました。人は「男と女」、すなわち互いに異なる別々の者の交わりとして創られました。人は三位一体の神の愛の交わりの「かたち」として、その「かたち」に限りなく似てゆく者、そのかたちに「栄光から栄光へ」と限りなく変容され続けてゆくものとして創造されました（創世記1・26―27、IIコリント3・18）。預言者たちは「神の民、イスラエル」に呼び掛けました。キリストは御自身のもとに集う「新たなる神の民」へ人々を招くため、使徒たちを全世界に派遣しました。復活祭へと向かう大斎（四旬節）という心とからだの旅が目に見えるものとする――私たちクリスチャンの人生、すなわち神との交わりを深めてゆき、神との一致へとはてしなく高まってゆく私たちの旅は、まさに「新たなる神の民」である私たち互いの愛を離れてはあり得ません。だからこそ、その旅立ちの主日の夕べ、正教信徒は「赦罪の晩課」といわれる礼拝を行いその最後に、互いに手を取り、い抱きあって、赦し合います。

「もしも、あなたがたが、人々のあやまちをゆるすならば、あなたがたの天の父も、あなたがたをゆるしてくださるであろう」。

人は一人では救われません。神さまとの直取引の余地はないのです。神との一対一の直取引で「救われた」、そう思い込むこと自体が罪です。救われていない人、神の赦しを受け取ることにためらっている人、赦しを撥ねつけている人、そういう人たちがこの世界に一人でもいるかぎり、私たちの救いは完全ではありません。その喜びにはどこか影が落ちます。

それでもなお、私たちは人との交わりにおびえています。人との交わりはたとえ教会の交わりであっても、私たちを疲れ果てさせます。私たちは「自分だけの神」のまなざしの中でたった一人誰からも邪魔されずに慰められたい。しかし神さまはそれをお許しになりません。

ただ次のように言わなければ、このメッセージは片手落ちです。

それでも神は私たち一人ひとりの心のいちばん深い場所へ「直《じか》に」呼びかけ続けています。「ひとりぼっちのあなた、魂の閉じこもりから出ておいで」、「人をゆるす勇気を求めなさい、あげるから」、そして「わたしの愛をうけとりなさい」と。それに応えるのは結局、私たち一人ひとりです、誰も代わってはくれません。

しかしそれに応えて、孤独な霊の閉じこもりから出てきた時、神は示します。「私」を取り囲むたくさんの人々を。「私」はもはや「私」ではなく「私たち」であることを。

第11話　これよりもっと大きなこと

——驚きでしか受け止められないもの

大斎第一「正教勝利の主日」に　ヨハネによる福音書1章43—51節

ヨハネによる福音書の第一章の後半、イエスの弟子となる青年たちが次々と、イエスに惹き付けられてゆく様子が伝えられます。

最初にアンデレともう一人の青年がイエスに出会います。彼らは「イエスのところに泊まった」とありますので、たぶんイエスと一晩語り明かしたのでしょう。彼らはイエスがメシヤであることを確信します。そしてアンデレの兄弟ペテロをイエスのもとに連れて行きます。次の日にはピリポが主に出会いました。イエスはピリポの心に深い渇きを見いだします。そしてアッサリと命じます。「わたしに従ってきなさい」。ピリポは心にあふれ出る喜びを押さえきれず、友だちのナタナエルのもとに駆けつけます。「モーセや預言者たちが預言していた救い主に出会った。ナザレのイエスだよ」。聖書に精通しているナタナエルは信じません。「冗談じゃない、ナザレのような村に救い主が現れるなどと、聖書のどこにも書いてない」。それを聞いたピリポは「ごちゃごちゃ言わずに、来て見てごらん」……。ピリポはナタナエルをむりやりイエスのもとに引っ張ってゆきます。イエスはナタナエルがそれまでイチジクの木の下で救い主の到来に思いをめぐらしていたことを言い当てます。ナタナエルは、思わず叫びました。「あなたは神の子です、イスラエルの王です」。

青年たちの瞳の輝きや、友のもとに駆けて行く若々しい肉体、そこから飛び散る汗のきらめきまで見えてきそうな、スピード感あふれる出会いの物語は、この「あなたは神の子です、イスラエルの王です」という叫びで頂点に達します。

この「あなたは神の子、イスラエルの王」という言葉からもわかるように、ナタナエルが、青年たちが、いやユダヤの人々が待ち望んでいたのは、そしてイエスに見たと信じたのはイスラエルの解放者でした。外国の支配や、暴君たちによる不正や圧迫から、神の民・選民イスラエルを解放する英雄でした。

しかしイエスの十字架の死で明らかになったのは、彼らがイエスがどのような意味で「救い主」であるのかを見誤っていたことでした。正確に言えば、彼らはそんなイメージでしか待望の「救い主」を思い描くことができなかったのです。さまざまな地上的な力の支配に屈し続けてきたイスラエル民族として、やむを得ないことでしょう。あくせく働かねばならない私たちが、天国や幸福という言葉に、会社や職場、またこの世のしがらみや気遣いから解き放たれて、のんきに遊んで暮らせる生活しか思い浮かべられないのと同じです。しかし実は、私たちがそのような地上的な望みの装いの下でほんとうに求めているのはもっと別のものです。それを言い表す言葉を知らないだけです。同様に、ナタナエルをはじめイエスに従った血気盛んな青年たち、そして当時の人々が、ほんとうに求めていたもの、真に渇いていたものは、別の所にありました。

イエスはそこを衝きます。

「これよりももっと大きなことを、あなたは見るであろう。……よくよくあなた方に言っておく。天が開けて、神の御使いたちが人の子の上に上り下りするのをあなた方は見るであろう。」（ヨハネ1・50、51）

この言葉には神学的な解釈があります。

しかし今はそれにはふれません。「天が開ける」？　なんだこれは！　神の御使いたち（天使たち）が人の子（イエスご自身）の上に上り下りする？　なんという不思議な言葉だろう。この驚きが大切なのです。そこにある、なぜか聞く者をワクワクさせてしまうイメージに、まず心を捕らえられなければなりません。

……幸せといえばお金、せいぜい無病息災・家庭円満ぐらいしか思い浮かべられない、また天国といえば美しい音楽と咲き乱れる花々ぐらいしか思い浮かべられない、こんな目に見えるもの、さわれるもの、聞こえるもの、今まで知ってきたものにがんこに凝り固まっている私たちの想像力を、キリストは私たちがかつて聞いたこともない言葉で解体してしまおうとしているのです。

なぜなら、キリストのお始めになるものが、これまでの古い精神、古い言葉、古い想像力の中には決して収まらない、まったくの新しさだからです。

実は十字架で息絶えて三日目、キリストが空っぽの墓を残してよみがえって以来、人はこの全くの新しさの内に生きています。しかし、この世の人々はそれに気づかない。

てこでも動かないように見えるこの世の世知辛い現実、罪と死の現実のなかで、すでに始まった新しい現実が見えない。洗礼を受けて水と聖霊によって新生し、この新しい現実に生き始めたはずのクリスチャンですら、その新しさを忘れて生きています。「いつも喜んでいなさい」（Ⅰテサロニケ5・16）という聖使徒パウロの言葉に、ヤソ臭い「おめでたさ」しか感じられない方もいるでしょう。

準備の三週間を終え、いよいよ大斎に入った教会は今、イエスに出会うまでの若き弟子たちと同じように、「いのちの渇き」を深めて行く長い旅を旅しています。

この旅の終わり、この「いのちの渇き」がきわまった時、十字架上で「わたしはかわく」とつぶやいた主と共に、私たちも魂の渇きの内に古き自分を死にます。そしてパスハ（復活大祭）の輝かしい祝いの中で主と共に、私たちも新しい自分に生き始めます。まさに「天が開け」ます。開けた天から神の息吹き（聖霊）が吹きおろしてきます。舞い翔《かけ》る天使たちとともに、キリストに伴われこの息吹きに、この神の風に、心の翼を広げて、限りなく神に向かって昇ってゆく、新しい、まことの自由が約束されています。その約束を信じて、風に乗りましょう。

第12話　彼らの信仰を見て――まことに、まことに「あっぱれ」

大斎第二「グリゴリイ・パラマの主日」に　マルコによる福音書2章1―12節

中風で寝たきりの仲間のために人々は、屈強の男を四人選びました。そして病人を床に寝かせたまま担がせ、イエスがお話をしている家まで運んできました。しかし家には人々があふれかえり、入り口にすら近づけません。そこで四人は屋根に登り、天井に穴をあけ、そこから病人をイエスの前に吊り下ろしました。イエスはただちに彼を癒しました。

この出来事には、「お前の罪は赦された」と病人に宣告した主と、居合わせた律法学者たちとのやりとりも伝えられていて、こちらも捨てがたいエピソードですが、圧倒的に私たちの心をつかむのは四人の男たちを先頭に病人を担ぎ込んだ人々の大胆さです。

想像してみてください。四人のたくましい男が、病人を乗せた床をかついでワッセワッセと道を急ぎます。大勢の仲間たちがそれを追います。主のいる家が人でいっぱいとわかると、「ヨッシャ」と衆議一決、はしごをかけて、一人が病人を背負って屋根に登り、そこから床《とこ》を引っ張り上げます。そしてバリバリバリッと屋根をはがしてしまいます。注解書を調べると、当時の屋根は梁の間に木の枝などを並べ、そこに粗末な織物を置き、それらをこねた泥を塗って固めた実に簡単なものだったと、身も蓋もないことが書いてありました。だから、そんなに驚くべきことではないというわけ……。でも、驚きたい！　他人《ひと》の家ですよ。他人の家の屋根を躊躇なくはがして、人を載せた床をそこから吊り下ろすんですよ。

……いきなり頭上でバリバリバリッと音がしたかと思うと土煙が舞って、渇いた土塊《つちくれ》がボロポロ落ちてきます。あっけにとられてポカンと見上げているイエスの顔が目に浮かびませんか。しかも、そこから人を寝かせた床がジワジワ下ろされてくる、もう二度目のびっくり。人々の「ウォー」というどよめきが聞こえてきます。

「イエスは彼らの信仰を見て」とあります。これです！　イエスが見たのは。主は彼らのこの大胆不敵な振る舞いに、強い衝撃を受けて思わず「子よ、お前の罪は赦された」

と口走ってしまった……。「口走った」なんて不届きな言い方かもしれませんが、でもイエスの思いは真実でした。イエスはそこにご自身へのとんでもないほどの信頼を見たのです。イエスはその信頼に応えないではおられませんでした。だから思わず口走ったのです。「罪は赦された！」。彼らは、神であるお方をあっけにとらせ、神であるお方を感服させ、神であるお方の心を動かし、神であるお方の言葉と行動を引きだしてしまった。まことに《アミン》（アミン 世界の伝統的な正教国では「アーメン」ではなく、おそらく使徒時代のギリシャ語の発音と推定される「アミン」を伝えている。）、まことに《アミン》、「あっぱれ」というほかありません。

「イエスは彼らの信仰をみて」……、誰かれの信仰ではありません、「彼らの信仰」です。四人の男と「お前ら腕《うで》っ節《ぷし》には自信あるだろう」と、彼らに床をかつがせた人々、彼らは一人の病気の仲間への友情と、イエスへのまっすぐな信頼、「あの方は必ずこいつを助けてくれる」という確信に結ばれていました。だからこそ心を一つに、神であるイエスでさえあっけにとられるほどの、大胆な行動に踏みだし、それを仕遂げました。

イエスへの信頼に結ばれ、まるで一つの体のようにイエスをかしらにいただく人々は、神でさえ驚かし、そのわざを引きだせるのです。教会です。救い主・イエスに結ばれた交わりです。怯えることなく、神の前に立ちましょう。失望することなく、いつも喜んでいましょう。臆することなく、絶えることなく祈りましょう。いつも大胆に私たちの求めるところを神に申し上げましょう。つらい仲間、苦しんでいる仲間がいっぱいです。病気の仲間たち、希望を失ってしまいそうな仲間たち、信仰に迷ってしまった仲間たち、罪に落ちた仲間たち、そして世界中の、悲しみ泣くすべての人々のために、助けと慰めと赦しを願いましょう。

復活祭を間近に控えた教会は心を一つに祈ります。

「主よ、屋根を破ったあの日の彼らと共に、声を上げます。あなたの輝かしいよみがえりの光のあふれに、わたしたちすべてを集め、抱きしめてください。アミン」

第13話　笑われましょう――イエスの死、いのちの始まり

大斎第三「十字架叩拝《こうはい》の主日」に　マルコによる福音書8章34節―9章1節

「だれでも、わたしについてきたいと思うなら、自分を捨て、自分の十字架を負うて、わたしに従ってきなさい。自分の命を救おうと思う者はそれを失い、わたしのため、また福音のために、自分の生命を失う者は、それを救うであろう」。

「いのちを救いたい」、「生きたい」と思うなら「わたしに従ってきなさい」というイエスの呼びかけです。しかも「自分を十字架に磔《はり》つけにして殺した上で」と言います。「自分」を殺しなさい、それが生きるためのただ一つの道だ……、そう断言するのです。主の「いのちの約束」です。

しかし主は、財テクをすすめる証券会社のセールスマンのように、いかにそれが有利

な投資であるかを納得させる分厚いパンフレットはくれません。懇切丁寧な説明もしません。主はいつもそうです。その御言葉を受け取るか受け取らないかは私たちの自由に委ねます。死んで生きるべきか、生きて死ぬべきか、……私たちは追い詰められます。

使徒たちは幸福《しあわせ》です。主のなさった数々の奇跡を目撃したのですから。十字架で死んで三日目によみがえったキリストに出会ったのですから。彼らには信じるも信じないもありませんでした。事実を突きつけられたのです。しかし私たちは新約聖書に伝えられている彼らの証言を何の根拠も裏付けもなく示されて、「主イエス、死んで生きたお方の御言葉『いのちを救いたい、生きたいと思うなら、私に従ってきなさい』、それを信じなさい」と呼び掛けられているわけです。まさに「見ないで信じる者はさいわい」（ヨハネ20・29）です。

だから、この世の「信じない」人たちを決して笑ってはなりません。彼らの方が「賢明」なのです。彼らの、裏付けのある確実な知識にもとづく「現実的」な行動の積み重ねが、この世を何とか保っているのです。私たち教会は、この世を「邪悪で罪深い」と決めつけがちです。しかしこの世は、「来たるべき神の国」にのみ希望を置く教会という「非生産的な」存在にさえも、安全な場所を与えてくれます。法律で保護され、税金まで免除してくれます。それを笑うなら、私たちの方こそ笑われるべき存在です。

それでもなおこの「賢い」この世はいのちを失っています。確実な知識しか信じない、すなわち突き詰めれば、「我思う、ゆえに我あり」と、疑うことのできない自分という存在しか信じず、その力だけで道を開き、生きようとする人々、理性的に納得できる検証可能な確実な知識しか信じない「賢明」で「現実的」な人々は、「自分の命を救おうとして」自分の命にしがみついて、かえって「いのち」を失います。

いっぽう、そんなふうに生きてきた自分を捨て、神・キリストに明け渡し、キリストを文字通り主として生き始めるなら、今まで隠されていた真実が次々とあらわになります。古い自分を主と共に十字架に磔り付けて殺した私たちに、新しい視界と新しい現実が開けます。

パンとぶどう酒にたんなる栄養と「この世の憂さ」から一時解放してくれる麻酔剤しか見えなかった私たちは、いまパンとぶどう酒を神の体、神の血、神からの贈り物として知ります。もう風はたんなる気象現象ではありません。創造主から送られた息吹きです。もう水はたんなる水素と酸素の化合物ではありません。神が私たちの体と心を罪から洗い清め、私たちをご自身との交わりへと生かす再生の泉です。夜空を埋め尽くす星々は、神の創造の驚異に息を呑ませる大パノラマです。

美しい花々、動物たちの戯れが私たちの目をくぎ付けにする時、私たちは進化論など忘れています。私たちは無数の多様な「いのち」たちのあふれを愛する、神の愛のとほうもない広大さにうたれます。

さらに日々出会う人々それぞれへの、発見に満ちた共感は、神が人をご自身のかたちに、すなわち三位一体の愛のかたちにお造りになったことへの気づきに導きます。

この世の様々なよきものへの心踊る楽しさは、そのよきものを贈ってくださったお方へのときめき、そのお方が約束する「神の国」へのうずくようなあこがれです。

そしてこの新しい真実に生き始めた私たちにとって、イエスの十字架の死は、宗教的妄想に酔いしれた愚かな男の暴走のはての憐れな末期ではありません。「いのち」の始まりです。正教は十字架を「生命を施す尊き十字架」と呼びます。

これはもう思い込みではありません。神だけが与えることのできる、そして自分を捨てて、古い自分から出て行き、神からさし出され続ける新しい体験に、「栄光から栄光へ」と（Ⅱコリント3・18）心開いてゆく勇気とあこがれを持つ者だけが受け取れるもっとも確実な知識であり、真理です。キリストを信じることで、私たちはこの真理による「いのち」を「新しい創造」による新しい「現実」として生き始めます。

正教会は十字架を記念する祭日に十字架を美しく花で飾ります。キリストの十字架が何をもたらしたのか、そして私たちが背負う十字架が何をもたらしつつあるのか、神の贈り物がどんなに豊かで、その贈り物によって生きる私たちのいのちがどんなに美しいものであり得るか、……私たちをいのちへの復活に導くただ一つの道である十字架を花々で飾って、それを確かめ合います。

胸を張って、笑われましょう！

第14話　信じます、不信仰なわたしを
──知っている、この気持ちなら

大斎第四「階梯者《かいていしゃ》ヨアンネスの主日」に　マルコによる福音書9章14─29節

伝統的な教会は「聖人伝」というものを伝えています。この世のすべてを捨てて神に向かう「純粋な信仰」、どんな苦難も死をも恐れぬ「ゆるぎなき信仰」、……聖人たちの立派な信仰が、その奇跡や超人的とさえ言える苦行や善行の言い伝えを交えて、次々と紹介されます。そこに伝えられる偉大な信仰と自分自身の信仰の現実との落差に、ため息をつきつつ閉じるほかない書物かもしれません。

いっぽう福音書はとても「立派な信仰」などとは言えない「信仰」の姿も伝えています（マルコ9・19「ああ、なんという不信仰な時代であろう。」）。

一人の父親がイエスのもとに息子を連れてきました。息子は病気の霊に取り憑かれ、しばしばひきつけを起こして引き倒され、泡を吹き、歯を食いしばり、体が硬直してしまうと訴えます。今も息子はイエスを見たとたんに発作を起こして、地面をころげまわっています。「いつ頃からこんなに」と尋ねるイエスに、父親は「幼いときから」と答え、「おできになるなら、私たちを憐れんで、お助けください」と願いました。「おできになるなら……」、ここには主イエスに全幅の信頼を置く「立派な信仰」はありません。すかさずイエスは問い返します。「もしできれば、と言うのか」。そして「信ずる者には、どんな事でもできる」と父親の目を見つめます。父親は取りすがって叫びました。「信じます。不信仰なわたしを、お助けください」（9・24）。

この叫びを言い換えれば、「信じられませんが、信じます。あなたの前にお見せできるような立派な信仰など私にはありません。からし種ほどの信仰もありません。でも信じます。信じますから、私たちを憐れんで、何とかしてください！」という支離滅裂な叫びです。ここには主のため、神のために一切を投げ出すというような「立派な信仰」

はありません。反対に、息子が助かるためなら何でもする、「信じられないけれど、『信じる』って言ってしまえ」というまことに自分勝手な、しかしこれ以上切実なものはほかにはない捨て身の叫びがあるだけです。

この父親の気持ちなら、知っている……。聖人伝にあふれる立派な信仰、ゆるぎなく純粋な信仰には、ほんとうのところついていけなくても、この父親の叫びなら、かつて叫んだことがあるはずです。また、いま叫んでいるはずです。家族のこと自分のこと、襲いかかる災難のこと病気のこと、克服できない憎しみのこと拘泥《こだわり》のこと、どうにも取り除けないねじくれた心の癖のこと歪んだ情欲のこと……。

「信じます。不信仰なわたしを、お助けください」。

主イエスはこの叫びを、絶望への瀬戸際にいる人間が最後の希望を託して叫んだ「祈り」として聞き届けてくださいました。主は、この親子に出会う前、「高い山」の頂きで三人の弟子たちに、人がその信仰の極限でご自身と分かち合う輝きを、ご自身の変容した姿で示したばかりです。その主が「高い山」から下りて来て、人の悲しみのただ中で、人の上げる叫びや悲鳴のただ中で、「信じられませんが、信じます。お助けを！」という叫びを受け止め、その願いをかなえました。

主イエスに「あなたの信仰があなたを救ったのだ」（マタイ9・22、10・52、ルカ7・50、17・19）とほめられるような「立派な信仰」ではなくこんな、信仰にもならないような信仰が、しかし私たちが自分のこととしてよく知っている叫びが、主を動かしました。正教会は古代からこの出来事を「福音《よきしらせ》」として伝え続けてきました。主の復活の記憶の日、日曜の礼拝で。

正教会の教会歴によれば、この福音が読まれる主日には階梯者《かいていしゃ》聖ヨアンネス（579〜649写真）が記憶されます。彼は「天国への階梯《はしご》」という本を残しました。神との一致への憧れに胸を焦がし、「高い山」で主が垣間見せた変容の輝き（マタイ17・1―13）に与ることを目指す修道士たちが、何世紀にもわたって読み継いできた、いわば修道の手引き書です。……気づいて欲しいのです。世俗のただ中で発せられた、「信仰」などとは呼びようもない叫びと、まさに信仰のチャンピオンと言っても過言ではない聖なる師父が同時に記憶されるのです。

福音は「こころの貧しい人たちは、さいわいである、天国は彼らのものである」と歌います。階梯者聖ヨアンネスの書も、また多くの修道師父たちの書も、こぞって、自分の無力を知り神に依り恃む心の姿として「心の貧しさ」を教えます。聖人たちのゆるぎなき信仰も、絶えざる祈りと斎《ものいみ》（断食）によって心を清め「神との一致」をめざす信仰も、みなこの「砕かれた心」から始まります。自分の「信仰」への矜持からではなく、自分の無力をとことん知る「信じます、不信仰なわたしを……」という叫びから始まります。そしてついにその同じ叫びで信仰は完成します。

「高い山」の頂で主の変容の輝きを目の当たりにし、「ここにいることは素晴らしいこと」と思わず声を上げた弟子たちは、山を下りることを命じられました。そしてそこで、ぼろぼろに心砕かれた一人の父親の叫びに、主によって突き返されたのです。「おまえたちにこれほどの信仰があるか」と。

「信じます。不信仰なわたしを、お助けください」。

第15話　仕えられるためではなく、仕えるため

大斎第五「エジプトのマリヤ主日」に　マルコによる福音書10章32―45節

「人の子がきたのも、仕えられるためではなく、仕えるためであり、また多くの人のあがないとして、自分の命を与えるためである」(マルコ10・45)。

イエスはエルサレムへ向かう道で弟子たちに、ご自身がやがてエルサレムの宗教的権威者たちに捕えられ、ローマ人たちに引き渡され、「あざけられ」「つばきをかけられ」「むち打たれ」「ついに殺されて」しまうが、三日目によみがえるだろうと予告します。しかし弟子たちにはその意味がわかりません。彼らはついに到来したメシア・救世主《キリスト》・イエスによって、長い間イスラエルを苦しめてきたローマ人の支配がうち破られ、民族が解放される、そう思いこんでいました。だから、主がこれほどあからさまにご自身の

みじめな死を予告しているにもかかわらず、それに耳をふさいでしまいます。それどころか、こともあろうに、イエスの政治的支配・イエスの王国が実現したあかつきには、自分こそはよい地位につけていただくのだと、互いに争い合う始末でした。主はそんな弟子たちを戒めて言いました。自分の王国は他の王国とは違う、強い者が人々を上から支配するのではなく、お互いがお互いの僕として仕え合う国となるのだと諭し、最後に、ご自身も「仕えられるためではなく、仕えるため」「また多くの人のあがないとして自分の命を与えるため」にこの世に来たのだと告げました。

主イエスはたくさんの教えや、戒めを語りました。「空の鳥をみよ、野の草をみよ」と、生活の煩いへのとらわれがどんなに愚かなことかを教え、また「互いに愛し合いなさい」「敵を愛しなさい」と主に従おうとする者の生き方を「新しい戒め」として授けます。しかし、それでもなお、主がこの世に来たのは、教えたり戒めたりするためではなく、私たちに「仕える」ため、私たちのために「命を与える」ためだと告白するのです。そしてその通り、主は十字架上で命を投げ出しました。

私たちクリスチャンが主と仰ぐお方はこんなお方です。私たちのために死んでくださったお方です。「みずから己《おの》れを世界《よ》の生命《いのち》のために付《わた》した」（正教会の聖体礼儀《ユーカリスト》の感謝祝文から）お方です。そんなお方は他にはいません。だれが私たちのために「あざけられ、つばきを吐きかけられる」ことを耐え忍んでくれますか。私たちのために屈辱を忍び、苦痛を耐え、死んでくれたのはこのイエスなのです。

私たち現代人は、自分の夢や望みを大切にし、それを実現してゆくことが人間的で豊かな生き方だと教えられています。子供の時から「夢の無い生き方なんて人間の生き方じゃない」と煽《あお》り立てられ続けました。夢や望みの実現のために、すべてを自分のための手段にして、いつも目標に向かってまっしぐらに生きています。そして役に立ちそうな人間関係をめいっぱい利用するのは当然と考え、誰も疑いません。逆にそうしない人間は消極的で無気力な落伍者として、いまや人々が平気で口にする賤しい言葉で言えば「負け組」として軽蔑されます。

私たちは「勝ち組」たるべくすべてを自分の僕として自分に仕えさせて生きようとしているのです。そういう生き方の中では「道徳」や「倫理」は、お互いが衝突して夢を壊し合わないための「交通ルール」のようなものにすぎません。そんな生き方を生きるなら、私たちは愚かな弟子たちと、すなわち主イエスが成し遂げようとしていることには少しも心を向けず、「誰が一番エライか」と競い合い、互いを自分に仕えさせようとした愚かな弟子たちと、少しも変わりません。

復活大祭を控えた受難週間、私たちは主の愚かな弟子たちといっしょに、主の受難と死に出会います。私たちのために苦しみ、私たちのために死んだ主イエスを身じろぎもせず見つめます。そして何と神であるお方が私たちに「仕えるため」「生命を与えるため」に受難し死を受けたという事実に、「はり倒され」ます。そのとき、人を従わせようとしか考えない、人を利用しようとしか考えない、人を仕えさせようとしか考えない生き方の危うさに気づき、立ちすくみます。砕かれます。私たちのために命を投げ出した主イエス、神であるお方の愛の無際限のあたたかさに泣きます。

第16話　結末はいったん忘れて

聖《せい》枝《し》祭《さい》に　ヨハネによる福音書12章1―18節

本日は聖枝祭（イエス・キリストのエルサレム入城を記念する正教会の祭日）。私たちは今、主イエスの受難の一週間、その入り口に立っています。

エルサレムの人々はしゅろの枝をふって、ロバの子に乗って聖なる都に入城するイエスを喜び迎えます。輝かしい一日です。

しかしイエスにとってここからの一週間は、苦しく辛い一週間でした。私たちはすでに結末を知っています、三日目の復活を知っています。けれど、もしそれを知らなかったら、イエスの一週間はまことに悲痛な、まことに惨めな、まことに無力な一週間でした。

いわば「スーパースター」として迎えられたイエスはユダヤ人社会の政治的、宗教的なリーダーたちに妬まれます。その妬みは憎しみへと変わり、やがて殺意へと焦点を結んでゆきます。弟子の一人がイエスを裏切ります。イエスの悲しみはどれほど深かったか……。しかしイエスがほんとうに悲しかったのは裏切りそのものより、その背後にある無理解でした。三年間共に生活してきてもユダはイエスをついに理解しませんでした。ユダには、ローマ支配から民族を解放するメシアとしての働きに一向に取りかからないイエスは理解できませんでした。その無理解と失望が裏切りへと転じてゆくのは当然の成り行きです。イエスは捕らえられます。そして他の弟子たちも、イエスを見捨てて逃げ去ります。彼らもその無理解についてはユダと何も変わりありません。イエスの、なすすべなく捕らえられてしまう無力さに直面した彼らはあっけなく挫けてしまいます。

ついにイエスは指導者たちの殺意、民衆の憎しみと好奇心に囲まれてたった一人で立ち尽くすほかありません。イエスは不当な裁きを受けます。民衆は手のひらを返すように「イエスを殺せ」と叫びます。イエスはつばを吐きかけられ、あざけられ、もてあそばれ、むち打たれ、ついに太い釘で十字架にはりつけられます。一緒に十字架につけられた悪党にさえあざけられます。誰も助けに来てくれません。天使たちの軍も……。ついにイエスは「神よ、神よ、どうして私をお見捨てになったのですか」と叫ぶほかありませんでした。そして「すべてが終わった」と息を引き取ります。十字架の足もとから見守る母マリヤの顔から一瞬にして血の気が失せ、卒倒するのが視界の隅をよぎったかもしれません。

私たちは誰でも、このイエスの受難に胸をえぐられます。「なんとおいたわしい」と。しかし、もしそれだけだったら……、「おいたわしい」イエスしか見えてこないなら、私たちはイエスのなさったこととは無縁のままにとどまり続けるでしょう。

人ごとではないのです。……自分の苦しみがここにある。「アタシの痛み」がここにある。「俺の悲しみ」がここにある。「人というものの孤独」がここにあるのです。

一時《いっとき》でいいから、結末は忘れてください。結末を何も知らずに、ひとりの男に起きることを凝視《みつめ》てください。イエスのこの辛さと苦しみと一つになってください。そのうえで、正教会が毎年、聖枝祭に読み上げる聖書のことばを振りかえってください。

パウロの手紙が読まれます。ピリピの教会への手紙です。

「あなたがたは、主にあっていつも喜びなさい。繰り返して言うが、喜びなさい。」

（ピリピ4・4）

何を喜べと言うのでしょうか。何を「いつも喜べ」というのでしょうか。喜べるようなことは何一つ見つけられないではありませんか。自分と同じように、生きることに苦闘し、ついに打ちのめされてひとりぼっちで死んでゆく男の日々刻々の道行きを、見守りながら、いったい何を喜べというのでしょう。……せいぜい「この人は私たち人の苦しみを身をもって分かち合ってくださった。みんなが私を独りぼっちにしてしまったのに、この人だけは私の孤独を十字架上で分かち合ってくださった」、それ以外に何か喜べそうなことがあるでしょうか。

しかし、そこにこそイエスの受難の最も大切な意味があるのです。

この日読まれた福音は、ラザロの妹マリヤが愛するイエスのために高価な香油の一瓶を惜しげもなく砕いて、イエスの足に注ぎかけ、自分の長い髪をほどいてぬぐったこと、そしてその時、その香油の香りで家が一杯になったことを伝えます。教会は、これをキリストが砕かれたことによって、その受難と死によって、世界中が喜びに満たされたことと理解してきました。マリヤは結末を知りませんでした。マリヤは喜びの油ではなく、主の死を予見して「葬りの油」として香油を献げたのです。しかしマリヤは甘く薫る香油の香りを、自分の苦しみを分かち合ってくださった（それは彼女の心を深く傷つけ続けてきた彼女の罪の赦しにほかなりません）、イエスへの感謝と喜びを部屋中に、この世界中に満たさずにはおられなかったのです。

まして私たちは結末を知っています。キリストの死がついに「死」にとどまらなかったことを知っています。キリストの受難と死が、「死をもって死を滅ぼし」（正教の復活を讃える聖歌から。）た勝利のわざであったことを知っています。主の苦しみと死を分かち合うなら、主のよみがえりをも分かち合うことができることを知っています。

ついに私たちは一週間後の深夜、「昼よりも明るい」とたたえられる、復活祭《パスハ》の喜びの渦の中で一つになります。

そのためにもまず、結末を忘れて主の受難と死を見守らなければなりません。主が息を引き取った時、「まことに、この人は神の子であった」と天を仰ぎ胸を打ったローマの兵士とともに……。

第17話　主の喜びに入れ

復活大祭に　ヨハネによる福音書1章1―17節

正教会の復活祭では、４世紀コンスタンティノープルの大主教イオアンネス・クリュソストモス（金口イオアン 写真）に帰せられる説教が読まれます。世界中の正教会がもう千年以上続けてきた伝統です。

そこでは、主イエス・キリストの死への勝利が「ハリストス（キリスト）復活していのちは凱旋す！」と高らかに宣言されます。

この説教にはただ漫然と聞いていてはまことに残念な、一つの言葉があります。

「みな、主の喜びに入れ」。

説教はマタイ福音書20章のぶどう園の労働者のたとえ話をふまえています。イオアンネス・クリュソストモスはこのたとえ話を、復活祭に備える大斎《おおものいみ》（断食期間）を、最初から熱心に守った者も、最後まで守れなかった者も、主は分け隔てなくその宴に招いてくださると言い換えます。だからみなこの寛大なる「主の喜びに入れ！」というわけです。

私たちは、いつも喜んでいるわけではありません。むしろたくさんの悲しいこと、つらいこと、骨の折れることに押しつぶされるようにして生きています。しかし主はそんな私たちに「喜べ」と命じます。しかも実は「ここに来て喜びを受け取れ」と命じているのではないのです。そうではなく「あなたたちの悲しみもつらさも骨折りも、みんなわたしはよく知っている。「喜べ」ったって無理なことも。けれども、わたしがあなたたちとこの宴で出会いたい、この宴を共にしたい、わたしが差し出すこの宴のごちそうを、みなで分かち合って欲しいのだ。それがわたしの喜びだから。あなたたちのためではない、わたしの喜びのためだ。どうか、わたしの喜びに入ってきて欲しい！」。……主は、こう呼びかけている、というメッセージです。

ここには「神は罪深い私たちを憐れんで救ってくださった」という「陰気」なメッセージはありません。神はご自身の喜びのために、私たちをお救いになるのです。だからもう、「善い行いが人を救う」のだ、いや「信仰のみだ」なんて、しちめんどくさい話はどちらかの神学者たちにまかせて、神さまのこの、こちらの気持ちなどまったく顧慮せず、「おれが嬉しいんだから、ここへ入ってこい」という「身勝手」に、渋々でも、いそいそでも何でもいい、従おうじゃないかという、まことに「破天荒極まりない」メッセージです。

でもそれこそが私たちが「いのち」へ凱旋するただ一つの道なのです。

では、その復活祭の説教をご紹介します。日本正教会では漢文調の文語体に訳され、馴染んだ耳にはまことに力強く明晰ですが、初めての方々のため、今日は口語への私訳をご紹介します。

　さあ、心から神を愛する人々よ
　　この美しく光り輝く祭を楽しもう
　さあ、賢いしもべたちよ

それぞれの喜びを胸にたずさえ、主ご自身の歓喜《よろこび》に入ろう。

長い断食をしっかり守った者は
　さあ銀一枚（一デナリ）を受け取りなさい
（長い大斎の最初から、あのぶどう園の労働者たちのようにあなたが）
第一時から働いたなら、今日、胸を張って当然の報酬を受け取りなさい
第三時を過ぎてから来たのなら、感謝して（その報酬を）喜びなさい
第六時をまわってから来たのでも、何の心配もいらない
　同じだけ受け取れるのだから
第九時になってようやく来たとしても
　何をとまどっている……、さあ、この食卓につきなさい
とうとう第十一時になるまで重い腰を上げなかった君も
　遅れたからといって、何も怖がることはない
この宴会の主人は実に寛大なんだよ

最後の者も最初の者と同じように迎えてくれる
第十一時に来た者も、第一時から働いた者と同じように憩わせてくれる
後から来た者も憐み、最初から来た者も忘れはしない
彼にも与え、これにも賜われる
行いも受け入れてくれ、志も祝福してくださる
功績《てがら》も認めてくれ、望みも励ましてくださる

さあ、だから、この主ご自身の歓喜《よろこび》に入ろう！

第一の者も第二の者も、報酬を受け取れ
富める者も貧しい者も、共に祝え
節制した者も怠けた者も、この日を喜べ
断食した者も、しなかった者も、さあ、いま楽しめ！
この宴《うたげ》はあふれこぼれんばかりに豊かだ

さあみな、飽きるほど食べなさい、子牛はまるまる肥えているじゃないか
この宴から腹ペコで帰ってゆく者が、一人でもいちゃいけない
さあみんな、この信仰の宴を楽しめ、この慈しみの富をうけよ
誰も、もう貧しさを憂いてはいけない
王国が打ち立てられ、すべての人々が招かれているのだから

誰も、もう罪のために泣くな
　主の墓から赦しが輝き出たのだから
誰も、もう死を恐れるな
　救世主の死が私たちを解き放ったんだから

彼は、死に包囲されたが、逆に死を討ち滅ぼした
彼は、地獄に降って、地獄をとりこにした
彼は、そのお体に触れた地獄を悔やませた
預言者イザヤが高らかに告げた通りだ

「地獄はあなたを地の下に迎え取ってしまってから、
悔いて悲しむはめとなった」（イザヤ書24・9以下参照）と

地獄は悲しんだ　そこが空っぽになってしまったから
地獄は悲しんだ　恥をかかされてしまったから
地獄は悲しんだ　葬り去られてしまったから
地獄は悲しんだ　打ち倒されてしまったから
地獄は悲しんだ　縛られてしまったから

地獄は主の肉体を受け取って、神に向かい合う羽目になってしまった
地獄は地上に生きた者（キリスト）を受け取って、天国に出くわしてしまった
地獄は目に見える肉体を受け取って、見えざる者の力に圧倒されてしまった

死よ、おまえの刺《はり》はどこにいってしまったのか？
地獄よ、おまえの勝利はどこへいってしまったのか？

キリスト復活して　おまえは失墜した
キリスト復活して　悪魔は倒された
キリスト復活して　天使らは歓喜する
キリスト復活して　「いのち」は凱旋する
キリスト復活して　墓の中にはもう死者はいない
キリストが死より復活して　死者たちの復活の初穂となったから！

アミン（アーメン）。

第18話　わが主よ、わが神よ

「トマスの主日」に　ヨハネによる福音書20章19―31節

ヨハネ福音書の末尾近く、第20章はこう結ばれます。
「これらのことを書いたのは、あなたがたがイエスは神の子キリストであると信じるためであり、また、そう信じて、イエスの名によって命を得るためである。」（31節）
聖使徒ヨハネがその福音書を何のために書いたのか、ここで明確に総括されています。「信じて、イエスの名によって命を得るため」です。「名」はその名で呼ばれるものそれ自体を表しますので、「イエスの名によって」は「イエスによって」と言い換えられます。「イエスによって命を得る」……。
「命を得る」……。これは逆に言えば、イエスを信じないなら私たちは命を得ていない、つまり「死んでいる」ということになります。ひどいことを言う！　そう思いませんか。「自分は罪深くないとは思わないけれど、『死んでいる』とまでは言われたくない」、それが正直なところでは。しかしあいにく正教のメッセージ、すなわちキリスト教のメッセージは、人はイエスを信じないなら、いわば「死を生きているにすぎない。たとえ生きていても死んでいる」と断言して憚らないのです。復活祭、そして引き続く復活祭期で私たちは何と歌ったでしょう、何と歌うでしょう。「ハリストス（キリスト）神は我等を死よりいのちに、……移し」（復活祭早課《そうか》）は、「いのち」に移されなければ、私たちの現実は「死」であることを告げています。また復活祭の礼拝で何度も繰り返し歌われる「ハリストス死より復活し、死をもって死を滅ぼし、墓にある者にいのちを賜えり」という賛歌は強調点を変えれば、キリストの復活なくしては、私たちは「墓にある者」であり続けるという宣告です。だからこそヨハネは福音書を書いたのです。私たちが「いのちを得る」ために。

しかし、そもそも「いのちを得る」とはどういうことでしょう。

主の復活の日の夕方、弟子たちがユダヤ人たちを恐れて隠れていた部屋に、イエスが閉ざされた扉をスーッと通り抜けて入ってきました。主は弟子たちを「汝らに平安」と祝福し、十字架で釘と槍によって傷ついた手とわきをお見せになり、ご自身がまぎれもなく肉体をもって復活したことを示しました。

たまたまその場にいなかった弟子のトマスは、後からその話を聞いてこう言います。「その釘のあと、脇の傷口に手を差しいれてみない限り、俺は絶対に信じない」。八日ののち、同じようにまた主がおいでになりました。今度はトマスも一緒でした。イエスは彼に、「あなたの指をここにつけて、わたしの手を見なさい。手をのばしてわたしのわきにさし入れてみなさい」と命じました。トマスは一瞬、目を瞠《みは》ったに違いありません。そして「わが主よ、わが神よ」とひれ伏しました。

「わが主よ、わが神よ」、イエスをただ漠然と「主」、「神」と言い表すのではなく、「わたしの主」「わたしの神」と呼びかけるのです。たんなる「主」「神」と「わたしの主」「わたしの神」、そこには大きな違いがあります。「わたしの〜」と呼ぶのは、「わたしにとって」特別なものだけです。後にも先にも、他のどこにもいない、このたった一人の「わたし」が身も心もあげて探し求めてきたもの、そして遂に見つけたもの、ついに出会ったお方、そのお方を前にして感じる深い心のふるえが、この「わたしの主、わたしの神」という思わず口をついて出た呼びかけの背後にあります。さらに「わたしの主、わたしの神」には、この「わたし」を特別な者として、そう「わたしのトマス」として、かけがえのない「おまえ」として愛してくれているイエス・神を見い出した喜びがあふれています。イエスはその十字架の傷に手を入れてごらんと、何とこのわたしに言ってくれた。今礼拝に立つ私たちに引き寄せて言い換えれば、「私のごとき罪深い者が、ここで礼拝している。あの方はここにわたしを連れてきて、立たせてくれた。そしてあろう事か、そのお体と血をくださるのだ」……。それを思いもよらない奇蹟として驚嘆し感謝する、……「いのちを得る」ための第一歩は二千年前のトマスと一緒に、このような心のふるえと喜びを手に入れることです。「わたしのお前」とまなざしを注いでいるイエスを、「わたしの主、わたしの神」として見つけることです。

トマスは「疑い深いトマス」とあだ名がついています。しかし、その疑い深さは信仰に導く疑い深さとして、正教会は「トマスの善なる不信」と呼んできました。そのトマスの不信は、神に敵対する不信ではなく、真実のいのちへの真剣な求めゆえの不信、疑い深さです。もしキリストに向かって前に踏み出せず足踏みしている方がいれば、ぜひ自分の不信を責めるのではなく、まずこのトマスを思い出し、「『わが主、わが神』というつの日か叫ばせてください」、そう祈ってみてはいかがでしょう。

第19話　どのように主を愛するのか

「携香女《けいこうじょ》の主日」に　マルコによる福音書15章43節―16章8節

主イエスの女弟子たちは、安息日の明けた朝早く、まだ暗い内に、前々日の夕刻に主の遺体を納めた墓に急ぎました。しかし彼女たちは、あらかじめ主ご自身によって予告されていた「三日目の復活」を信じていたから墓に向かったのではありません。正教会は彼女たちを「携香女《けいこうじょ》」、香を携える女たちと呼びます。主の遺体に葬りの香油を塗ってさし上げるために……、十字架で無惨に殺された主をせめてかぐわしい香りで包んでさし上げるために……、安息日の始まりが間近に迫っていたため慌ただしく主を葬った墓に、三日目の朝まだ暗い内から急いだのです。

そこで彼女たちが見つけたのは、入り口をふさいでいた大きな岩がすでにころがしてあって、ぽっかりと口を開いた空っぽの墓でした。そこで彼女たちは輝いた衣を着たふたりの者に、イエスの復活を告げられます。
「あなたがたは、なぜ生きた方を死人の中にたずねているのか。そのかたは、ここにはおられない。よみがえられたのだ」（ルカ24・5、6）。

携香女たちのこの、キリストの復活の最初の証人としての栄誉は、彼女たちが主の復活の予告を信じたことによるのではなく、イエス、大好きな先生の死を「ああ何とおいたわしい」と心から嘆き、主のために、ローマ兵や、祭司たち、ファリサイたちに見とがめられる危険を顧みず墓に急いだ、その主への愛ゆえに与えられたのです。

この同じ愛を主は、主が捕らえられ裁かれた夜、「あんな人は知らない」と三度否んだペテロにも求めました。
復活の主は、ガリラヤ湖のほとりで弟子たちと食事をし、そこでペテロに三度、「わたしを愛するか」と問います。当惑しながらも主への愛を三度告白したペテロは、ついに主の愛と赦しを確信します。一度は「主よ、私は死んでもあなたを見捨てません」と胸を張ったにもかかわらず、ただ見とがめられただけで恐怖にとらえられあっけなく、

「主を知らない」と三度までも繰り返したペテロ、その無様で卑怯なおのれの姿に打ち砕かれて、骨まで枯れてしまいそうな挫折感に落ち込んでしまっていたペテロは、主を愛すると告白することで、……ご自身への愛を求める主イエスに応えることで、キリストのよみがえりのいのちを生き始めました。

イエスを愛すること、それが今も、私たちを携香女たちとともに、復活のイエスに出会わせてくれます。

イエスを愛すること、それが今も、私たちをペテロとともに、主の復活のいのちに生き始めさせてくれます。

しかし、どのようにして主を愛すればよいのでしょうか。

私たちはキリスト・イエスのために何かをしてさし上げることはできません。携香女たちだって、かぐわしい香りで主を包んでさし上げようとしましたが、主を包んだのは主ご自身から輝き出る光栄でした。

裏切られたのは、捕らえられたのはイエスです。私たちではありません。

棘の冠をかぶせられ、嘲笑され、つばを吐きかけられたのはイエスです。私たちではありません。

ムチ打たれ、体中の皮膚を引き裂かれたのは、十字架に太い釘で磔にされたのはイエスです。私たちではありません。

神にさえ見捨てられたと叫んで、全くの孤独の内に死んだのはイエスです。私たちではありません。


弟子たちは何もしてさし上げられませんでした。そして今、私たちも何もしてさし上げられません。私たちの罪を赦し、私たちを癒し、私たちによみがえりを与え、私たちを死の支配から解き放ち、いのちの輝きへと引き上げたのは、私たちを救いだしたのは、イエスです。私たち自身ではありません。

私たちが、このイエスへさし上げることができるのは、感謝だけです。救い主イエスへの愛を、聖体礼儀《ユーカリスト》、感謝《ユーカリスト》という名の礼拝で力いっぱい歌うことだけです。

「ハリストス（キリスト）復活！」（復活祭から昇天祭前日まで、正教徒は「ハリストス復活」「実に復活」とあいさつを交わす。）

第20話　どうせ、わたしは

「癱者《なんしゃ》（病気で寝たきりになった人）の主日」に　ヨハネによる福音書5章1―15節

「どうせ、あたしは……」、「しょせん、おいらは……」。

酒場のカラオケなどで、よく耳にしそうなフレーズです。酔っぱらってからむ人の「十八番」のせりふです。「どうせ」と「しょせん」がでてきたら、「あっ、ところで……」と話題を転じて逃げを打たないと、ひどい目にあいます。

三十八年もの長い間、天使が来て水が動いたときに真っ先に水に入るとどんな病も治ると信じられていた池のほとりで、床に横たわってその機会を待ち続けていた人がいました。「床」はいわば「簡易ベッド」、四隅に短い足のついた枠にマット代わりに粗布を取り付けたものです。そこにイエスが現れて「治りたいか」、原文の意味にもっと忠実に訳すと「健やかになりたいか」と問われたこの人の答えにも、この「どうせ」「しょせん」の響きが聞き取れます。彼の答えは何とも歯切れが悪いものです。「主よ、水が動く時に、わたしを池の中に入れてくれる人がいません。わたしがはいりかけると、ほかの人が先に降りて行くのです」。

どうせ、おれなんか……。

しかし奇蹟が起きます。

イエスがこの人に「起きなさい。そしてあなたが横たわっていた床を取り上げて、そして歩いてゆけ」と命じると、彼はたちまち立ち上がり床を取り上げて歩きだしました。この顚末《いきさつ》を見守っていた群衆のどよめきが聞こえるようです。

ここで気づいていただきたいのです。イエスは彼に、起き上がって「床はもう不要だ。そこに残して」歩き出せと命じたのではありません。彼自身も床を置き去りにはしませんでした。またイエスが代わりに床を担いでくれたわけでもありません。

いままでそこに横たわっていた床を、今度は担いで歩き出す。ここに、イエスによって癒される、「健やかにされる」ことの意味が示されてはいないでしょうか。

「床」は彼が病んでいた「病気」の象徴とも言えます。それが象徴するのはたんに肉体的な病気にとどまりません。人が多かれ少なかれ侵されているやっかいな心のクセ、罪深さ、……聖使徒パウロが「しなければならないと知っていることはできず、してはいけないといつも自分に言い聞かせていることはしてしまう、私たちを内側から支配する罪の法則」（ローマ7・18―23）ともいえます。そう考えて初めてこの出来事は、たとえ肉体的には健康であっても、私たち一人ひとりにとって切実なものとなります。

三十八年前、彼の上にこの「床」が覆い被さってきました。その重荷に彼は押しつぶされそうになりました。どうしてもそれを跳ね返せないことを知って彼は反対に、その床の上に身を投げ出し、「もう、おれの病は直りはしない」とすっかり身を任せてしまいました。「どうせ、あたしは……、しょせん、おいらは……」という投げやりな生き方の始まりです。病気の自分に開き直り、病気を何とかしようという希望も意志も捨てて、人の世話になる生き方にあぐらをかいて生き始めました。奇蹟が起きる池のほとりに自分を毎日担いでいってもらい、そこで水が動くのを待つというのは、このままでいいとは思っていないことを示すための、いわば「アリバイ作り」。でも「治ろう」なんて、「治れる」なんて、本気で思っちゃいない。用意された言い訳は「誰も助けてくれない」です。俺の苦しみなんか誰もわかっちゃくれない……。そこへキリストが現れ、そんな彼の心にもわずかに残っていた「治りたい」という望みに火をつけ、彼に力を貸しました。彼の内に不思議な勇気がわき起こり、彼はキリストの呼びかけを受け取り、ついに立ち上がりました。

もう彼はその病気の上にあぐらをかいてはいません。病気に押しつぶされてはいません。彼をこれまで長い間支配していた病気を、こんどは彼が支配するのです。肉体の病気は、それに彼の心が支配されてしまった時から、彼の人格全体の病気となりました。キリストは彼の人格全体に向かって「ほんとうに治りたいのか」と問いかけ、彼の内に長い間眠ってしまっていた病気に立ち向かう意志を引き出しました。彼が立ち上がって歩み出したことは、彼がすでに希望の内に生き始めたことの目に見えるしるしです。

彼にとって「健やかになる」ということは、こういうことでした。

私たちにとってもそうです。キリストに触れ、キリストを信じ、キリストを洗礼によってこの身に着て、キリストを「いのちのことば」そして「いのちのパン」として日々いただいて「健やかになる」ということは、こういうことです。私たちの罪深さ、病はすぐには消え去りません。しかし希望が与えられました。私たちはもう自分の罪深さに開き直りませんん、落ち込んだあげく「弱い自分、かわいそうな自分」を他人に、そして何より自分自身に嘆いてみせることがもたらす、不思議な心地よさに溺れてゆくことからは、もうおさらばです。

罪を犯したら何度でも神に赦しを願い、そのつどキッパリと、カラリと胸に十字を書いて、立ち上がります。そして心に確かめます。

「ハリストス（キリスト）復活！」

第21話　互いに水を求めて

「サマリア婦《おんな》の主日」に　ヨハネによる福音書4章5―42節

炎天下、日射しを遮《さえぎ》るものは何一つない井戸のかたわらでイエスは一人の女と出会いました。女はお行儀よく器用に生きられる人間ではありませんでした。心はいつも渇いていました。その渇きを癒してくれそうな男を求め、五人の男との間で苦い失敗を繰り返してきました。今もある男と人目を避けて暮らし、井戸に水を汲みに行くのさえ、わざわざ、みんな熱暑を避けて家に引きこもっているこんな陽盛りを選ばなければならないありさまです。町の人たちは女を「淫らな女」と蔑《さげす》み、だれも彼女とは口をきこうとはしません。彼女自身も自分が的はずれなもがきを繰り返し続けてきたことに、じゅうぶん気づいていました。

「だって、でも、他にどんな生き方があったんだろう、あるんだろう……」。

彼女は疲れ切ってつぶやく他ありませんでした。やはり疲れ切って、井戸端にしゃがみ込んでいたイエスは、こんな彼女に話しかけました。しかも人々が、その姿を見ただけで、汚れに触れたかのように顔を背けるこの女に、「水を飲ませてください」と頼んだのです。彼女は男を見上げました。男のまなざしには女をねぶりまわすような淫らさは少しもありません。反対に彼女は、その真っ直ぐなまなざしに狼狽《うろた》え、思わず口を開きました。「どうして私のようなものに、水を飲ませて欲しいと言うんですか」。

イエスは答えました。

「この水を飲む者はだれでも、またかわくであろう。しかし、わたしが与える水を飲む者は、いつまでも、かわくことがないばかりか、わたしが与える水は、その人のうちで泉となり、永遠の命に至る水が、わきあがるであろう」（ヨハネ4・13―14）。

この言葉が奇跡を起こしました。女は変わりました。女は、人をまことのいのちに生かす、このお方がくださる「生ける水」を、一人でも多くの人に知らせること、それが的はずれなもがきから自分を救い出すただ一つの道であることを悟りました。女は水瓶を足もとに置いたまま、町に駆《か》けてゆき、人々に自分の半生をあからさまに語り、その闇をさまようような人生が主イエスに出会いどう変えられたかを告げました。女に光が取り戻されました。その光は、その後の彼女の、「証し人」、キリストがもたらす「いのち」の証人としての生涯の中で輝きを増し続け、ついに教会は彼女を「光」、ギリシャ語でフォティナ、スラブ語ではスベタラーナという名で伝えるにいたりました。

この「光」という名の女に起きた出来事は、二つのことを教えています。

一つは、人はたとえ今は神を、イエスを知らなくても、まだ知らないそのお方へのかわきにすでに突き動かされている、……男を何度も取り替えたこの女同様、名さえまだ知らないイエスを求めて彷徨《さまよ》っているということです。私たちは、その彷徨いを自分のこととして認めなければなりません。彷徨いを彷徨いとして認めたとき、「こんなものさ」というこの世への思い込みと、自分自身への決めつけが壊れます。そして神が見え始めます。「足るを知る」ことが美徳とされますが、「足り」てはいけません、満足してはいけません。ほんとうのものを求めて遮二無二、突進していかねばなりません。小市民的な安逸や自己満足にフヤケていてはなりません。そんなものは歯車がちょっと狂っただけでぶっ飛んでしまいます。皆さんよく知っていることです。どんな苦難の中でも、どんな災難に見舞われても少しも揺らがない「真実」への渇きに突き動かされていなければ、私たちは決して「ほんとうのもの」に出会うことはできません。イエス・キリストとほんとうに出会うことはできません。このサマリヤの女のような、一見お行儀の悪い人生が真剣さの証しであることがあるのです。

この渇きは、実は神から贈られたものです。人間であることのしるしです。しかし人はその渇きの正体が見極められない不安と焦燥から、やみくもにもがき、そのもがきが人の心も体もボロボロに、傷だらけにしてしまいます。しかしついに、それまではあり得べからざる事だった「奇跡」が起きます。人は天を仰ぎます。生まれて初めて神を呼びます。井戸の傍らにしゃがんでずっと待っているお方との出会いは間近です。

第二は、主イエスの側から、すなわち神の側からも私たちはいつも求められているということです。主はこの罪の女に「水を飲ませてくれ」と頼みました。何と「神の渇き」を、主イエス・人となった神の「水を……」という渇きを癒すこと、これを人は神ご自身から求められているのです。アダムとエヴァが神に背き、身を隠したときから人は神から「どこにいるのか」と呼びかけられ続けています。ビザンティンの神学者ニコラス・カバシラス（Nicholas Cabasilas, 1322~1392　写真）はこの神の渇きを「神の人への狂おしいほどの愛」と表現しました。私たちはその愛に応えなければなりません。手をさしのべ、キリストがご自身のお体と血によって与えてくれる、尽きることのない水を、神の息吹きとともに飲みほし、この神の愛の渇きを癒してさし上げなければなりません。

神と人、互いが互いのうちに水を求めます。私たちと神キリストが、教会、すなわち聖体礼儀《ユーカリスト》という井戸で今も出会います。

「あなたがたいま飢えている人たちは、さいわいだ……」（ルカ6・21）。

「見よ、わたしはすぐに来る。……かわいている者はここに来るがよい。いのちの水がほしい者は、価なしにそれを受けるがよい」（黙示録22・12、17）。

第22話　まだ見えていないもの

「瞽者《こしゃ》（目の不自由な人）の主日」に　ヨハネによる福音書9章1—38節

生まれつきの盲人の目を開いたとき、イエスはこう言いました。

「わたしがこの世にきたのは、さばくためである。すなわち、見えない人たちが見えるようになり、見える人たちが見えないようになるためである」（ヨハネ9・39）。

すると、そこにいたファリサイ人たちが、イエスの言葉にある彼らへのあてこすりを嗅ぎとって「それでは、わたしたちも盲人なのでしょうか」とからんできました。イエスは答えます。

「もしあなたがたが盲人であったなら、罪はなかったであろう。しかし、今あなたがたが『見える』と言い張るところに、あなたがたの罪がある」（ヨハネ9・41）。

ファリサイ人たちは、自分たちは「見えている」と信じて疑いません。自分たちがこれまで教えられ、守り、行ってきたすべてが、世界の真実のいっさいであり、正しさのいっさいであり、善のいっさいであると確信しています。真実も正義も善も、すべてが彼らの視界の中でふさわしい場所と互いの関係の内におさまって微動だにしません。彼らには不安がなく、この上なく満足しています。

しかしイエスがこの世においでになり、そのいっさいをひっくり返し、それらが自己満足に過ぎないことを暴露してしまいました。ゆるぎないものと思っていた日々の生活、その生活の土台としてきたものが、まことにたよりないもの、いつわりのもの、幻のようなものであることが白日の下にさらされました。ルカによれば、イエスはこう言いました。

「満腹している人たちは——自己満足している人たちは——わざわいだ。あなたたちは飢えるようになるから」（ルカ6・25）。

彼らはイエスに「おまえたちは盲人だったのだ」と突きつけられ、実のところは震え上がったのです。そして自分たちは「見える者」だという思い込みの闇の内にかたくなに閉じこもったのです。「見える者」は「見えない者」へと自らを裁いたのです。「わたしが世にきたのは、さばくためである」（ヨハネ９・39）ことの意味です。しかしイエスが裁くのではありません。自分が自分を裁くのです。

イエスに目を開けられた生まれつきの盲人は、自分には何も見えていないことを知っていました。そして多分悲しんでいました。でも、あこがれに心はいつも疼《うず》いていました。生まれつきの盲人です。見たことがありません。見えるということがどんなことか、まったく知りません。しかし「見える」ということがあることは、知っていました。「見える」という言葉は知っていたのですから。私たちが「神」という言葉を知っているのと同じです。「見える」人から彼らには見えているものを、教えられもしました。しかし少しもイメージを結ぶことはできませんでした。もどかしく、そして悲しいことでした。

そこにイエスが現れて、つばで泥をこねて彼の目に塗りました。そして「行ってシロアムの池で洗いなさい」と言いつけました。その時、彼の内に疼いていた「見える」ということへのあこがれに火がつき、燃え上がりました。彼はすなおにイエスに従い、池にゆき、目を洗いました。この出来事を教会は古来、洗礼になぞらえて教えてきました。

彼の目は開けました。今まで見えていなかったことを知っている彼は、見えるようになった今も、依然として「盲人」でした。これまで自分は見えていなかったからこそ、今見え始めたものはすべてではないことを知っているからです。まだ見えていないものに対して、彼は依然として「盲人」です。しかしそれを知っても、彼の内にあるのは悲しさではなく、今は見えていないものへの、希望と喜びにみちた、はてしないあこがれでした。

洗礼を受けた私たちも、それまで見えていたものがすべてであるという自己満足を「天が裂け」る（マルコ1・10）ように破られました。そして地平線が、どこまで近づいていっても次々と向こう側へと後退し、その向こう側へのあこがれをかき立ててゆくように、私たちの視界は広がってゆきます。その先に主イエスが約束してくれた、まだ見ていない、見たことがない「神の国」の「永遠のいのち」への確信の内に生き始めるのです。そしてついに死すらも、まだ見ぬ、まだ知らぬ新しい生命への、心躍る跳躍へと変えられるのです。

「信仰とは、望んでいる事がらを確信し、まだ見ていない事実を確認することである」

（ヘブル11・1）とパウロが言ったことの意味です。

「だれでもかわく者は、わたしのところにきて飲むがよい。わたしを信じる者は、聖書に書いてあるとおり、その腹から生ける水が川のように流れ出るであろう」（ヨハネ7・37―38）。イエスの約束です。水が川のように流れ出る、つきることのない聖霊の恵みが宣言されました。その約束を信じるのが、私たちクリスチャンです。

ただ、忘れないようにしましょう。その恵みに生きるための出発点は、自分にはまだ見えていないものがあるという自覚です。まだ見えていないものへの渇きです。まだ焦点を結んではいないけれど、自分を根底から何ものかへとうながしてやまないあこがれです。

第23話 「永遠のいのち」とは

「諸聖神父の主日」に　ヨハネによる福音書17章1―13節

主イエスは「最後の晩餐」で弟子たちに、「告別の説教」と呼ばれる長い説教をしました。本日の福音は語り終えたイエスが、天の父に祈った祈りです。

そこで主はこう言います。

「永遠の命《いのち》とは、唯一のまことの神でいますあなたと、またあなたがつかわされたイエス・キリストを知ることであります」（3節）。

イエスの言葉を聞く時、私たちは表面的な意味にとらわれてはなりません。主はやさしい単純な言葉しか使いません。主は私たちを愛しているからです。難しい言葉で撥《は》ねつけるのではなく、むしろやさしいけれども、「えっ」と首をかしげさせる言葉で、私

たちを立ち止まらせます。私たちにそのやさしい単純なことばに隠れている深い真理に耳を傾けさせたいからです。さて……、

「永遠のいのち」とは神とご自身、イエス・キリストを「知る」こと、そう主は言い切っています。

まず「永遠のいのち」ですが、これは未来永劫にわたって続く「不死の生命」ではありません。そんなもの欲しがる人がほんとうにいるのでしょうか。誰でも、老いの苦しみに終止符がいつまでも打たれないなんてまっぴらでしょう。では「不老不死」ならどうか。人類永遠の夢のようですが、衰えを知らぬ肉体が未来永劫暴れ続け、心を煩悶《はんもん》（いろいろ悩み苦しむこと。苦しみもだえること。）させ続けることに耐えられる人がいるでしょうか。「永遠」は「終わりのない時間」ではありません。「いのち」は生命現象そのものを指しているのではありません。神さまが人を創造した時に、人さえそれを望むなら、人を喜んでそこへ導くことを約束した「よきもの」、それを「永遠のいのち」と、人の言葉の不充分さを知りつつ、そう表現しないではおられなかったのです。

「よきもの」です。どんなふうに？　美しい？　もちろん美しい。心地よい？　もちろん心地よい。楽しい？　もちろん楽しい。豊か？　もちろんあふれるほどに豊か。……

しかし、「よさ」を表すことばをいくつ積み重ねても、その「よさ」が「何である」かは決して表現できません。「永遠の」という、私たちにまだ見ぬものへのはるかなあこがれを最もかき立てる言葉、「いのち」という、私たちを最も熱く心躍らせる言葉を用いることで、かろうじてぼんやりと輪郭を象《かたど》ることしかできない「なにものか」を指し示しているのです。

しかしイエスは単純に言い切ります。この「永遠のいのち」としか言いようのない「なにものか」とは神とイエスご自身を「知る」ことである、と。そこで私たちは聖書を首っ引きになって読みます。神学を勉強します。イエスの歴史的、文化的背景を探ります。しかしその「なにものか」は見つかりません。それは、ここでイエスが言う「知る」という言葉を上っ面でしか理解していないからです。実はここで「知る」と言われていることも、「知る」と表現するほかない「なにものか」なのです。「知る」といえば学問的な知識、客観的な情報として知ることがまず思い浮かびますが、聖書の伝統の中で「知る」といえば、むしろ人がその体験を魂と体の、少し難しく言えば人間存在のいちばん深いところに刻み込む、平たく言えば「からだで会得する」ことです。そういえば日本語でも「女を知る」、「男を知る」と言うのは解剖学的、心理学的な男女の違いを知ることではありませんよね。長い人生の中で男と女が生活を共にし、喜びも悲しみも分かち合うこと、たえず起きる誤解や行き違いを、そのつどお互いのいっそう深い部分で和解していくこと、互いの内の今まで知らなかった領域に目を瞠《みは》るような思いで、感謝と、喜びの内に入り込み合うことです。

そう。神を知る、キリストを知るとは、神との交わり、キリストとの交わりをはてしなく深め続けていくことです。祈りの生活を深めると言いかえることもできるでしょう。

私たちには、祈りといえばお行儀のよい「ご祈祷」しか思い浮かばないかもしれません。しかし祈りは神さまやキリストへの身を震わせるような抗議や怒り、錯乱としか言いようのない激しい嘆きであってもよいのです。もちろん祈りは賛美であり、感謝です。しかし「神さまどうしてあなたは、こんな悲しい思いを人に強いるのですか」、そう叫んだことのない人に神へのほんとうの感謝も賛美もあり得ません。キリストでさえ「わが神、わが神、なんぞ我を捨てたもうや」と叫びました。生きることそれ自体が、また喜んだり悲しんだり怒ったり、私たちの生きることへの思いすべてが祈りとなる、そういう祈りの生活を生きること、それが神を「知る」ことです。

そして神を信じる者、キリストを人生の主として迎えた者の生活——死ぬまで祈り続ける、神と格闘したヤコブのように、神さまに体当たりし続ける、神さまを「知り」続ける生活――その中心になければならないのが、肉体をとり、人となった神キリスト・イエスのお体と血を分かち合う聖体礼儀《ユーカリスト》の集いです。夫婦がお互いの体を喜びと共に分かち合い、そこで確かめられたまったく無条件の信頼の中で様々な葛藤を乗り越え、互いの理解を深めていくように、私たちも神・キリストの「血肉」を私たちの体に喜びとして迎え入れ続けることで、「愛である神」のその愛をお題目ではなく、人を生かす、また人を互いに愛し得る者とする確かな現実として「知って」ゆきます。神との交わりの深まりは、ついに神が人となり、その人となった神のお体と血を私たちが分かち合うことでその極限に達するともいえましょう。

みなさんは教会、この聖体礼儀の中で、この世の他の場所では決して味わえない「よき」ものを感じておられるはずです。そこで私たちは神・キリストをまさに「知る」からです。その「よき」ものこそ「永遠のいのち」としか呼びようのない、神が人間に約束してきた、まことの喜びです。

「永遠のいのちとは、唯一のまことの神でいますあなたと、またあなたがつかわされたイエス・キリストを知ること」です。

第24話「待っていなさい」

昇天祭から五旬祭に　使徒行伝1・1―12、2・1―11

イエスは十字架の受難が目前に迫った夜、弟子たちと食事をしました。主はその席で説教し、そこで自分がやがて「上げられる」こと、それが弟子たちの益になること、弟子たちは自分に「今はついては行けない」ことを、ていねいに言葉を選び、しんぼう強く繰り返し語りかけました。しかし弟子たちは主が何を言っているのかわかりません。「上げられる」とおっしゃるが何のことだろう、自分たちが「主について来られない」とおっしゃるが、どこに行くというのだ……。

主は、当惑して互いに顔を見合わせるばかりの彼らを見て、最後にはこう言うほかありませんでした。

「わたしが去って行かなければ、あなたがたのところに助け主は来ないであろう。もし行けば、それをあなたがたにつかわそう。……わたしには、あなたがたに言うべきことがまだ多くあるが、あなたがたは今はそれに耐えられない。……けれども、わたしが父のみもとからあなたがたにつかわそうとしている助け主（慰める者）、父のみもとから来る真理の御霊が降《くだ》るとき、それはわたしについて証しするであろう」（ヨハネ16・12、13）。

十字架の死から三日目に復活したイエスはその後の四十日間を、弟子たちと共に地上で暮らしました。そして天に上げられる前に弟子たちと囲んだ食卓でこう命じました。「エルサレムから離れないで、かねてわたしから聞いていた父の約束を待っているがよい。すなわち、ヨハネは水で洗礼《せんれい》（バプテスマ）を授けたが、あなたがたは間もなく聖霊によって、洗礼《せんれい》（バプテスマ）を授けられるであろう」（使徒1・4）。

「かねてわたしから聞いていた父の約束」とはこの、真理の霊を遣わすという約束です。「聖霊による洗礼」です。「それを待て」、これが主イエスがこの世に対して行った最後の呼びかけでした。

「待っていなさい」です。主は呼びかけ、教え、わざを行い、人々と共に食事をし、捕らえられ、尋問され、裁かれ、むち打たれ、十字架に磔けにされ、息絶え、葬られ、そしてよみがえりました。そしてさらに四十日にわたって弟子たちのもとに顕れました。弟子たちはこれらすべてを目の当たりにしました。見ただけではなく、その一つ一つに心をはげしく揺さぶられました。しかし、わかりませんでした。わかったつもりになっても、それはとんでもない誤解でした。

そして主は最後に、「待っていなさい」と言ってこの世を離れたのです。

十日後、五旬節の日、その約束が果たされました。集まって祈っていた弟子たちの上に聖霊が降ったのです。彼らは主イエスをまことの神、私たちを救うために遣わされた神の子として知り、そしてその十字架と復活を私たちの救いとして知り、この福音を世界に知らせる使徒として歩み出しました。それを記憶するのが、五旬祭（聖霊降臨祭）です。

待った末に、ついに聖霊を受けて、弟子たちの群れが使徒たちに率いられた共同体、教会へと変えられました。神の救いの歴史における大切な転回点ともいえるその祝祭に立つ私たちが、ぜひ気づかなければならないことがあります。

「行動し、つかみ取る」というライフスタイル、これは楽園に置かれたアダムとエヴァが蛇にそそのかされて、神に禁じられた木の実に手をさしだし、もぎ取って食べた時から始まったライフスタイルです。アダムとエヴァの背きをなげきながらも、多くのクリスチャンたちは、二人のしくじりから始まったライフスタイルが「行動し、つかみ取る」というものだったことに気づきません。反対にそれを生きるのが人のあるべき姿と信じて疑いません。そしてただ「待つ」ことは消極的な生き方、神からいただいた「タラント」（マタイ25・14―30「タラントのたとえ」）の無駄使いとしか見なしません。そういう私たちだからこそ気づかねばなりません。主はその地上のご生涯の最後に、あたかもこれまでのすべてを総括するかのように「待ちなさい」とお命じになったことを。「行動し、つかみ取れ」とはおっしゃらなかった。

これは「行動」することではなく「待つ」ことを私たちの「いのち」の基本的なトーン、基調として取り戻しなさいということではないでしょうか。

何もむずかしいことを言っているのではありません。私たちはまず待たなければなりません。そして思い起こしましょう。聖霊の降臨を待つ弟子たちは「みな、……心を合わせて、ひたすら祈《いのり》をして」（使徒1・14）いました。

「待つ」ことは言い換えれば「祈る」ことです。祈りを生活のリズムとして生きること、毎主日の礼拝を、毎日の朝晩の祈りを、何をしていても心にたえまなく祈りを保ち続けることを、生活の律動《リズム》と基調《トーン》にすること、もし解決しなければならない問題を抱えたら、「どうすればいいのか」と考え込む前にまず最初に祈ることを、心のクセにしてしまえば、その「待つ」に必ず聖霊は恵みの風を吹き入れてくれます。

「行動し、つかみ取る」のではなく「祈りつつ待って、そして受け取る」のです。

第25話　わたしにふさわしくない

「衆聖人の主日」に　マタイによる福音書10章32―33節、37―38節、19章27―30節

キリストの言葉の中には、聞く者に頭を抱え込ませてしまうものが、いくつかあります。「悪いやつらに抵抗するな」「右の頬をぶん殴られたら、左の頬も向けろ」「裁判に訴えて君から服を取ろうとする者がいたら、いっそ身ぐるみはがされてしまえ」……。そんな中でも極めつけは、これです。

「わたしよりも父や母を愛する者は、わたしにふさわしくない。わたしよりも息子や娘を愛する者は、わたしにふさわしくない」また「おおよそ、わたしの名のために、家、兄弟、姉妹、父、母、子、もしくは畑を棄てた者は、その幾倍も受け、また永遠のいのちを受け継ぐであろう」。

家族や財産を捨てて、キリストに従う者でなければ、永遠のいのちには与れないと言

うのです。しかし、一方で神様はモーセの十戒で「父や母を敬え」と教えていないでしょうか。頭を抱えてしまいます。

まず、主が弟子たちにこう語ったとき、彼らは社会から、とりわけ権力者たちから危険なグループと見なされ、いつ引き立てられてもおかしくない状況にあったことを忘れてはなりません。実際にその後、クリスチャンは激しい迫害にさらされてゆきます。二百年以上にわたる迫害時代、多くのクリスチャンが文字通り家族を捨てて、財産を捨てて、主に従いました。すなわち、「こんな老いさらばえた父や母をおいて、おまえは行ってしまうのか」と取りすがる両親を、また「約束されたすばらしい社会的地位や安楽な生活をどうして捨てるんだ」という友人たちの「友情あふれる」説得を振り切って、多くの信徒が家族や財産ばかりか、自らの命も主のために捨てました。

しかし勘違いをしてはなりません。彼らの多くは、頼まれもしないのに自らすすんで家族や財産を捨てたのではありません。家族や財産で象徴される「この世」の側こそ、彼らに、主イエスへの信仰を捨てろと迫ったのです。捨てなければ拷問にかける、獣に食わせると脅して……。「捨てろ」と迫られた人たちが、「捨てられません」「捨てません」「キリストを捨てたら、捨てた私自身が、人間のほんとうの喜びから、希望から、うち捨てられてしまいます」と、結果的に家族を、この世の生活を「捨てる」ことへと追い込まれていったのです。彼らは拷問の苦痛、死の恐怖の中で、繰り返しこの主イエスの次の言葉に心を奮い立たせたに違いありません。

「わたしのために、自分の命を失っている者は、それを得るだろう」(マタイ10・39)。


私たちとは関係ない話でしょうか。

この世は、今なおクリスチャンに、またまことの信仰に生きようとする人々に「捨てろ」と迫ります。「教会ばかり行ってたら、つきあいの悪いやつだと仲間はずれにされるぞ」、「宗教なんか信じてたら、変わり者扱いされて結婚できなくなるよ」、「難しいことを考えず適当に生きていれば一番楽。趣味や道楽で結構気が紛れるもの。これが大人の知恵」……「だから捨てなさい、そんな宗教」。また、この世はののしります。「敵を赦せなんて言う、お人好しの坊ちゃん嬢ちゃんだけがありがたがるような教えは捨てちまえ、愛が一番大切だなんてうすらボケた教えなんて、捨てちまえ、敵を憎み、敵を打ち払え！そして勝ち取れ！」

息が詰まるようです。

なぜなら、「捨てろ、捨てろ……」と迫られる私たちに、神であるのに一切を捨てて人となったお方が、私たちのために一切を捨ててご自身を十字架にささげたお方が、……この世にも弟子たちにも見捨てられたお方が、そしてついに十字架上で「神よ、どうしてわたしをお見捨てになるのですか」と叫んだお方が、すなわち徹底的に「捨てられた」お方が、私たちの内側から、「やっぱり君も、わたしを捨てるのか」と眼差しを向け続けているからです。

「わかりました。キリスト、あなただけは捨てません」。

ほんとうにそう心から決意したとき、いつも心につきまとっていた息苦しさは止み、生まれて初めて、胸にたくさんの空気がたっぷりと流れ込んできます。

「私のような者でもこれで生きられる」、私たちは二度目の産声を上げます。その時私たちは、全ての殉教者、受難者たち、すなわち「捨てろ」と迫られて捨てなかった人たちが家族を、財産を、命を捨ててまで捨てるのを拒んだもの、その同じ「いのち」、「永遠のいのち」、「主イエス・キリスト」を味わいます。

迫害時代の小アジアの都市、スミルナの主教ポリュカルポス（69~155）は、ローマ総督から「キリストを捨てろ、そうすれば釈放してやる」と迫られた時、こう答えます。「私は八六年間、あの方に仕えてきましたが、一度でもあの方から不当な扱いを受けたことはありません。それどころか私を救ってくれました。私の王を、どうして捨てられましょう」（『殉教者列伝』、「ポリュカルポスの殉教」『使徒教父文書』に所収、講談社文芸文庫236頁参照）。

イエスのイコン
（セルビアのストゥディネッツァ修道院の聖堂の壁面に描かれたフレスコ画）

第26話　普通の人だからこそ——弟子の召命

マタイによる福音書4章18—23節

神父や牧師などキリスト教の聖職者には、哲学や神学など難しい学問を身につけた人たちがなると思われがちです。我が国でも幕末の開国以来、頭のよい進取の気性にあふれた青年たちが、欧米の学問や思想をどんどん吸収してゆく中で、キリスト教もそんな学問や思想と並び立つものとして、頭だけで理解されてきた傾向があります。そのような歴史がこんな思い込みを作りだし、キリスト教は「お勉強するもの」になってしまったのです。

そして実際、古代から現代までビザンティンで、西ヨーロッパで、新大陸で、そして今や世界中で積み重ねられてきたキリスト教の知的な伝統は、無視できない重みを持っています。西欧の一流大学はほとんどキリスト教の神学校から始まりました。

しかし最初からそうだったのではありません。

福音は、イエスが最初のお弟子たちを「わたしについてきなさい」と招いた時のことを伝えています。招かれたのはペテロとアンデレの兄弟、ヤコブとヨハネの兄弟です。彼らはみな漁師でした。律法学者という聖書や宗教的戒律の専門家ではなく、まして当時もっともハイカラだったギリシャ・ローマ文明の教養を持つ者でもありませんでした。特に知的な人たちではなかったのです。

では学問はなくても、かわりに勇気や人徳を持つ人々だったかというと、これも違いました。主イエスがユダヤ人たちに逮捕されたとき、彼らを始め弟子たちは皆、恐怖のあまり主を置き去りにして逃げ出してしまいました。イエスが尋問されている所へ恐る恐るついていったペテロも、そこにいた人々から「おまえ、あの男の弟子だろ？」と繰り返し尋ねられ、そのつど震え上がり「違う、めっそうもない」と嘘をついてしまいました。またヤコブやヨハネは、そのすぐにカッとなる性格から主に「雷の子」とあだ名を付けられました。また主がイスラエルの王となったら誰が一番えらい家来になるかで、十二弟子は大喧嘩をし、主にたしなめられたこともあります。どうやら勇気に満ち、かつ人格円満な人など一人もいなかったようです。

このように主は、エリートでもなく人格者でもない普通の人、ありふれた漁師を、「わたしについてきなさい。あなたがたを人間をとる漁師にしてあげよう」と抗《あらが》いようのない強さで召したのです。


なぜでしょう？　なぜ教養も知恵も勇気も人徳もない、こんな人たちを選んだのでしょう。やがて立派な弟子になる隠れた素質を見抜いたから？……そうではありません。主は教養も知恵も勇気も人徳も持たないからこそ彼らを選んだのです。人は自分の持っているものによってではなく、キリストを通じて神様からいただく恵みによって変えられ、高められていくことの証しとして、あえて彼らを選んだのです。

彼らは五旬節（ペンテコステ）の日に聖霊の恵みを受け、主の復活の力強い証人へと変えられ、世界中に命がけで福音を伝え、多くの人々を「新たなる神の民」の一員として「キリストの体」教会へ集めました。まさに「人間をとる漁師」です。しかし人々を動かしたのは彼らが伝える福音のメッセージそのものだけではありませんでした。人々は特別な知識も能力も何もない、かつては自分勝手で臆病だった「普通の人」が今やキリストの知恵にあふれ、愛にあふれ、生気にあふれ、力にあふれているという事実に神の救いの確かさを見たのです。ほんとうに神様は人を変えるんだ、人を救うんだと。主の復活という驚くべき神のわざを、普通の人が普通の人のまま、力にあふれて伝えるからこそ耳を傾けたのです。自分たちと同じ俗気にあふれ、疑い深かった彼らが言うのだから、「もしや」と。

伝道とは学問のある人が難しい本を書いたり講演会をすることではありません。使徒たちと同じ普通の人間である私たち一人ひとりが親切や思いやりを、困難に負けないしなやかな強さを、悔しさや憎しみを克服して赦しあう寛容さを、自分の霊的精進の達成としてではなく神様からいただいた恵みの賜物として隣人に示すことで、また使徒たちが証した主の復活を、私たち自身が死んだような生き方からよみがえって「生きてみせる」ことで、福音《うれしいしらせ》として伝道するのです。

弟子たちは主に集められ、主と共に三年間を過ごし、そして主が天にあげられた日、「行って万民に教えを伝えよ」（マタイ28・19、20参照）とそれぞれの伝道の場へと派遣されました。私たちは日曜ごとに主のお体（教会）に集い、その礼拝の輝きの中で聖体血《せいたいけつ》

（聖餐）を受け「来たるべき『神の国』の味わい」を今ここで「恵みとして」分かち合います。そして最後に「平安にして出ずべし」と命じられます。ここで体験した一切を「ここで味わった平安、すなわち神に受けとられ互いに赦しあう喜びを携えて、あなた自身の生活の場に戻りなさい」と命じられます。使徒たちと同様に「派遣」されるのです。

使徒たちの体験は、この聖体礼儀《ユーカリスト》の体験によって、すなわち「教会」としてまちがいなく私たちに受け継がれてゆきます。

第27話　「普通」に泣く――「普通」がもたらしているもの

ルカによる福音書6章27―36節

キリストは弟子たちに尋ねました。


「自分を愛してくれる者を愛したからとて、どれほどの手柄になろうか」。

「自分によくしてくれる者によくしたとて、どれほどの手柄になろうか」。

「返してもらうつもりで貸したとて、どれほどの手柄になろうか」。

（ルカ6・32―34）


これは単なる「疑問文」ではありません。主は問いかけているのです。あなたたちはどのように生きてきたのか、そしてこれからどのように生きるのか、と。

「自分を愛してくれる者を愛する」ことも、「自分によくしてくれる者によくする」ことも、「返してもらうつもりで貸す」ことも、みんな人が普通に考え、普通に行うことです。普通の人間の普通の考えや行動です。キリストは弟子たちに、そして私たちに、おまえたちは普通の人間のままで、普通に生きていくのか、それとも……、と問いかけているのです。生き方の決断を促しているのです。

多くの人々が「なぜ？　普通じゃいけないんだ、十分じゃないか」と答えるでしょう。しかし「普通」はそんなに結構なことなのでしょうか。

「自分を愛してくれる者を愛する」という「普通」は、自分を愛してくれない者は憎むという「普通」と一つです。

「自分によくしてくれるものによくする」という「普通」は、自分によくしてくれないものには、よくしない」という「普通」と一つです。

「返してもらうつもりで貸す」という「普通」は、「返してもらえそうのない者には貸さない」という「普通」と一つです。

普通の、愛や親切や助け合いの心が、憎しみや敵意や無慈悲・無関心と一つなのです。

これが私たちが「普通の人間」として受け入れている「普通」です。そして私たちがこの人間の「ありのまま」を、「普通」を生きているから、この世界にはたくさんの悲惨な争いが起き、たくさんの人々が、とりわけ、いたいけない子供たちが犠牲になっているのです。

実は私たちは、この普通の怒りや、欲望や、妬みがどんなにたくさんの苦悩をこの世にもたらしてしまっているか、身の回りのこととして、自分自身のこととして知っています。人であるなら、神を信じていようがいまいが、これらの「普通」が、「ありのまま」が、人のあるべき姿であるとは、誰も思っていません。だから人はいつも、この「普通」に泣いています。

神さまも泣いています。だからこそ、その独り子を、人として私たちのもとにお遣わしになり、人のほんとうの姿を、敵ですら愛する愛を生きることとして、お示しになりました。それは、普通でない生き方の極限でした。

じっさい「敵を愛せ」に多くの人が躓きます。とてもマジメで優しい人たちが「そんなことは私には無理です」、そう仰るのを何度も聞きました。しかし自分の内にイエス・

キリストというお方の愛の姿への、渇仰《かつごう》（渇いた者が水を切望するように、神を仰ぎ慕う意）が潜んでいることに気づき、「自分もそういう姿で生きたい」と希《のぞ》み始めたとき、それまで焦点を結ばない「焦がれ」として胸を締め付け続けていたのがこの渇仰、希《のぞ》みであったと知ったとき、私たちは躓《つまず》きから立ち直ります。

でも、あせらないでください。心から愛せなくても、敵を心に呪うことは止めましょう。心で呪うことも止められなければ、口に出して罵《ののし》るのを止めることはできませんか。罵ってしまっても、殴りつけようと振り上げたこぶしを下ろすことはできませんか。いきなり敵を「心から」愛そうとするからしくじり、そういう心の骨折りを全部あきらめてしまうのです。「身の程」を忘れた高い目標にいきなり向かわせ、最後には己れの「身の程」を絶望の内に突きつけて笑う、サタンの巧みな策謀です。「憎いけれども、ぶん殴るのはやめとこう」、……そんなところからなら、「普通の」、「ありのまま」の自分から脱出してゆけそうではありませんか。

しかし忘れないでいましょう。イエスは磔《はりつ》けられた十字架から、祈りました。ご自身を殺そうとしている者たちのために、祈りました。「父よ彼らをおゆるしください」。このお方がよみがえりました。よみがえったのはこのお方でした。私たち自身のよみがえりの手がかりは、この方をおいて他にありません。

人間は「普通」「ありのまま」であることが「本来あるべき自然な姿」ではない唯一の存在です。神さまの私たちへの呼びかけはこうです。「あなたが生きているそのありのままの姿から、『可能なもの』として私が贈った人のほんとうの姿（神の似姿）へと、はてしなく脱出してゆきなさい。『後ろのものを忘れ、前のものに向かって』（ピリピ3・13）限りなく私に似る者になってゆきなさい」。

キリストの十字架の受難と死、そして復活は、私たちにもう一度、その「普通ではない」愛を生きてゆく道を開いてくれたのです。

そして神は、人のその道を行く歩みを支えるために、あふれるほどに聖霊の恵みを与えてくださいます。人はその恵みの内で、「栄光から栄光へと、主と同じ姿に変えられて」ゆきます（Ⅱコリント3・18）。これが、私たちは主イエス・キリストを信じますと、……「我信ず、イエス・キリスト、神の独生子《ひとりご》」（ニケア・コンスタンティノープル信経《しんきょう》）と告白する者の、確信です。

第28話　出て行ってくれ

マタイによる福音書8章28—34節　マルコ5章1—20節　ルカ8章26—39節

イエスは、悪霊たちに取り憑かれて墓場を住処とし、わめき叫び、自分を傷つけ、誰もそれを押しとどめられなかった二人の男から、悪霊たちを追い払いました。追い出された悪霊たちは、その地方で飼われていた豚の群れに入り込み、狂った豚たちは崖から湖へ転がり込むように落ちて行き、みなおぼれ死んでしまいました。重苦しく覆いかぶさる灰色の雲、湖を渡って吹いてくる生温かい風、突然走り出した無数の豚が地面を打つとどろき、大気を切り裂くような彼らの叫び、……そんなものが、目に見え耳に聞こえてくるようです。何とも不気味です。

しかし、もっと不気味な事実がこの福音には伝えられています。

二人の男が悪霊たちから救い出されたことを聞いた町の人々がこぞって主のもとへやってきました。イエスはどんな期待を胸に、その人々を待ち受けたでしょう。豚の群れを一瞬で狂気の内に滅ぼす力を持つ悪霊たちを組み伏せてしまった主を讃え、感謝し、招く、歓呼の声だったでしょうか……。

違います。人々はこう願ったのです。「この地方から出て行ってくれ」。

町の人々のこの態度はしばしば、一瞬にして家畜をことごとく失った豚飼いたちと同じように、自分たちも同じ経済的大損失を被ることを恐れたため、と解釈されています。もっともでしょう。しかし町の人々が主の前にずらりと立ち「出て行ってくれ」と言い渡した、その有無を言わさぬ圧迫感が呼び起こす底知れない不気味さは、そんな合理的な説明では消えません。

イエスと出会うなり二人はこう願いました。「神の子よ、あなたはわたしどもとなんの係わりがあるのですか。まだその時ではないのに、ここに来て、わたしどもを苦しめるのですか」。願ったのは二人にとりついた悪霊たちです。

「出て行ってくれ」と願った町の人々も、実は悪霊たちと同じように「神の子よ、あなたは……、ここに来て、わたしどもを苦しめるのか」とイエスを拒んでいるのです。そして、この町の人々の反応に底知れぬ不気味さを感じる私たち自身もしばしば、「神の子よ、どうして私たちを苦しめるのですか」と、苦い困惑にとらえられてつぶやきます。

キリストはその光によってこの世を、そして私たちの心をくまなく照らし出します。「ありがたいことではないか」と思われるかも知れませんが、私たちははたして自分の心のほんとうの姿に耐えられるでしょうか。私たちは、毎夕の祈りの中で、「今日《こんにち》、爾《なんじ》の前に……、禽獣《きんじゅう》よりも甚だしき事を犯ししをことごとく赦したまえ」（正教会の「小祈祷書」より）と唱えます。「禽獣」、すなわち鳥や獣です。鳥や獣よりもひどい罪を、私たちは犯します。鳥や獣は、必要以上の食べ物を食べません。繁殖のため以外の交わりを求めません。自分と家族を守るため以外に戦いません。同じ仲間の生き物を殺しません。人は神の名のためにさえ戦い、殺し合います。そんな人の現実、自分自身の現実から私たちは目を背けていたいのです。背けているのです。光であるお方はそんな私たちを、私たち自身の現実の前に立たせます。

そして主は「あなたがたの天の父が完全であるように、完全なものとなりなさい」と命じます（マタイ5・48）。「あいつは馬鹿だね」と人をあざける心は地獄へ落ちるといいます（同5・22）。女を見てけしからん思いにとらえられるくらいなら目をえぐり出せと言います（同5・28、29）。右の頬をぶたれたら、左の頬も差し出せと言います（同5・39）。敵を愛し、自分をいじめる者のために祈れと教えます（同5・44）。私たちはもはやぺシャンコ、お手上げです。

しかし実は、キリストが私たちに私たちの悪さを見せつけ、私たちにできもしない高い要求を突きつけることだけが、悪霊につかれた男、町の人々、そして彼らと共に私たちも「出て行って欲しい」と主に言い渡す理由ではありません。

ぺシャンコでお手上げの私たち、「あなたの光はまぶしすぎて耐えられない、どうか私の心の部屋から出て行ってください」と拒絶する私たちを、それでも決してお見捨てにならず、「一切を赦すから閉じこもった心の部屋からここへ出ておいで、あなたに私が祝福する人間の真の姿を生きる力をあげるからこの光の内に出ておいで」と呼びかけ続けるその愛が、私たちを苦しめるのです。まっすぐに受け取れないなら、愛ほど私たちを傷つけるものはありません。自分の愚かさで迷い道に入ってしまったとき、「何も言わないから帰ってきて」と手を広げる母を、妻を、こう突き放したことはありませんか。「出て行ってくれ」。

しかしその愛がまるで地獄の責め苦として感じられるならば、たとえどんなにかたくなにキリスト・神の愛を拒んでいても、苦しむのはその愛を「愛」として知っているからなのです。悪意としてではなく、憎しみとしてではなく、愛として知っているからなのです。そこに希望があります。神が私たちに対して持つ希望であり、また同時に、つらい人生を投げ出すことなく、かろうじて生きているのなら、私たち自身が心のいちばん深いところに隠し持っている神への希望です。

聖使徒パウロはこう言っています。

「神は、すべての人が救われて、真理を悟るに至ることを望んでおられる。」
（Ⅰテモテ２・４）

第29話　彼らの目にさわって——なぜ？

マタイによる福音書9章27—30節

幼い頃を思い出します。おなかが痛いとき、ころんで膝をぶつけたとき、母はいつも温かい手でさすってくれました。まだ泣きべそはかいていても、どこかホッとして、あのひどい痛みが母の手の中に吸い取られていくようでした。

私たちにはからだの痛み、心の苦しみがたくさんあります。

年をとってくると、肉体的な苦痛が何もない人はほとんどいません。「結局は、楽しみや喜びなどというものはまぼろしに過ぎず、顔をしかめ歯を食いしばり痛みを耐えてゆくのが、人生のただ一つの現実ではないか」とさえ疑ってしまいます。

心の苦しみはもっと身近です。誰からも理解されない苦しみ、裏切られ傷つけられた苦しみ。寄り添ってくれるその温もりが自分に「もう一日」の生をかろうじて引き受けさせてくれていた人、そんな人を余儀ない別れや死によって失う苦しみ。取り返しがつかない過ちを犯してしまった時の、恐怖としか言いようのない苦しみ。

神さまが、独り子イエス・キリストを通じて、見つめておられるのは、このたくさんの痛みや苦しみに押し潰されそうな私たちの姿です。いのちを「喜び」のために与えた者たちが、痛みと苦しみと悲しみの中で、おびえ、ふるえながら死を待っているばかり……、という現実です。

ある日道を行くイエスに、二人の盲人が「どうか、わたしたちをあわれんでください」と叫びながらついてきました。主は二人に尋ねました。「わたしに、あなたたちの目を開くことができると、信じるか」。「主よ、信じます」と答える二人の目に、イエスはさわって言いました。「見えるようになれ」。二人の目は開きました。（マタイ9・27—29）

これだけではありません。この出来事の少し前、イエスは今死んだばかりの少女の手を取って息を吹き返させました。イエスがこの少女の家へ向かう途中、長い間やっかいな病気で苦しんでいた女が、イエスの服のすそにさわっただけで病気が癒やされまし

た。（同9・18―26）

お気づきでしょうか。盲人たちは目にさわってもらいました、少女は手を取って起こされました、女は必死の思いでイエスにさわりました。私たちにさわってくれること、さわらせてくれることで、主は人々を苦しみから救ってくれます。まるで母親がさわってくれるように。

でも主イエスは神です。神であるなら御心一つでたちまち癒すことができるはずです。それなのになぜわざわざ、さわったり、さわらせたりするのでしょう。

痛いとき苦しいとき、私たちはひとりぼっちです。こんな痛い思いをしているのは自分だけだ、こんな苦しみは他の誰もわかってくれないと思い込んでいます。痛いとき苦しいときの痛さ苦しさは、半分はひとりぼっちの苦しみです。

そういう私たちを母親は抱きしめ、さわってくれます。その温もりから、我が子の痛さや苦しみを自分の痛さや苦しみとして泣いている母親の悲しみが、伝わってきます。「ああ、もうひとりぼっちじゃない」、……その思いだけで苦痛は半分になります。

イエスがさわってくださるのも、同じです。

盲人たちは何も見えない両目にそっと置かれたイエスの手のひらの温かさに、憐れな自分たちの姿を悲しみ、泣いてくださる神の優しさを知りました。神が私の苦しみを一緒に苦しんでくれている、もう私はひとりぼっちではない。そう知ったとき、この盲人たちは肉体の視力の前に、まず神の愛への視力を取り戻しました。そしてその時、実はすでに癒やされていたのです。さわること、ふれあうこと、愛が伝わること、それ自体が救いだったのです。

イエス・キリスト、神の子は、今も私たちにさわってくれます。教会は「キリストのからだ」です。その礼拝でいただくパンとぶどう酒は、私たちがいつもキリスト・神にさわってもらえるように、キリスト・神にさわれるように、キリスト・神がくださるそのご自身の体と血です。私たちも、私たちを包み込む礼拝の温かさ、喜びのただ中でその尊い体血を頷《う》け、……そう、主にさわってもらうばかりか、主の体と血をいのちの糧としてこの身体に受け入れさせてもらった時、「もう、ひとりぼっちではない」こと、集いの内にいることを知ります。二人の盲人が視力を与えられ、主を見い出したその次に見つけ出したのが、ともに光を与えられたお互いであったように。

第30話 「これだけしか」から「こんなにも」へ
――パン五つと魚二匹

マタイによる福音書14章13―21節

人里離れた山あいにイエスを慕って集まった五千人を超える大群衆。主は彼らを憐れみ、彼らの内の病人を次々と癒してゆきます。やがて夕方になりました。弟子たちは恐る恐る主に申し上げます。

「ここには何もありません。もうおそくなりました。彼らを付近の村々へ行かせて、自分で食べ物を調達させましょう」。

ところがイエスは「お前たちが彼らに食物をやればいい」と突き放します。弟子たちは驚いて「ここにはパン五つと魚が二匹しかありません、どうやって？」と尋ねます。

すると主は彼らにそのパンと魚を持ってこさせ手にとり天を仰ぎ、祝福し、弟子たちに与えました。弟子たちがそれをさらに人々に配り与えると、その大群衆はひとり残らず満腹したばかりか、パンが十二のかごにいっぱいに残りました。

……お弟子たちは何と言ったでしょう。

「ここにはパン五つと魚が二匹しかありません」。「……しかない」。私たちの生き方に染みついた言葉です。そうつぶやいて嘆き、たいがいはあきらめます。あきらめないなら、群衆を解散させ食べ物を買いに行かせようとした弟子たちと同様、人間的な考えで対処しようとします。

この世の人たちの場合はそれでよいのかもしれません。しかし私たちクリスチャンは忘れてはなりません。私たちには主イエスがいつも共にいてくれます。人間的な知恵をめぐらせる前に、まずは主に願い祈らねばなりません。考え込む前にまず祈れ、ですね。

聖使徒パウロは次のようにローマの教会を励ましました。そこにも「……しかない」という否定的な思いで信徒たちが萎縮している現実があったのでしょう。

「神は、神を愛する者たち、すなわち、ご計画にしたがって召された者たちと共に働いて、万事を益となるようにしてくださる」（ローマ8・28）。

イエスはまさにインマヌエル（「神は我らと共にます」マタイ1・23）という名のお方、神が私たちに寄り添うために人となったお方です。そのお方自身がこう励ましているではありませんか。

「あなたがたは、この世ではなやみがある（「……しかない」という現実に中にいる）。しかし、勇気を出しなさい。わたしはすでに世に勝っている」（ヨハネ16・33）。

そうです。「世」すなわち「パン五つと魚が二匹しかない」という現実を「五千人が食べても、なお残りが十二のかごにいっぱいになるほどの」現実に変えてくれたのです。主は「……しかない」を「こんなにも」へと変えてくれるのです。

教会はこのお方、「しかない」を「こんなにも」に変えてくれるお方、キリストの体であり、私たちはその一つ一つの肢体です（Iコリント12・27）。私たちはどんなに困難で否定的に見える現実に直面しても「……しかない」とは決して言ってはなりません。これだけしか信徒がいない、これだけしか参祷者がいない、これだけしか献金が集まらない、受洗者が一年でたったこれだけだった……。違います。五千人を五つのパンで満腹させた主に結ばれたこの「キリストの体」、教会はいつもこう喜ばなければなりません。「これほどの人々が教会に結ばれている、これほどの信徒が他の多くの忙しい人たちに代わって真剣に祈ってくれている、これほどの献金をみんなが苦しい生活の中から献げてくれた、これほどの人々がキリストを分かち合う交わりに新しく入ってきた……」。この喜びがなかったら、どんな周到綿密な宣教計画も「歯ぎしり」にすぎません。

この「これほどにも」「こんなにも」という喜び、その喜びを分かち合う者の互いの愛、そして主への感謝が私たちのうちにあふれているなら、必ず十二のかごに有り余るほどの実りが約束されます。「これだけ」が「こんなにも」へと変えられます。罪深い私たちが赦され、その私たちの交わりが「キリストの体」へと変えられ、その「キリストの体」教会にあってパンとぶどう酒はもはや、ただの食べ物、飲み物ではなく主ご自身のお体と血である、……このとんでもない真実を信じる私たちが、「これだけ」が「こんなにも」に変えられるというほどのことを、信じられないでしょうか。

聖使徒パウロはピリピの教会をこう励ましています。

「あなたがたは、主にあっていつも喜びなさい。繰り返して言うが、喜びなさい。あなたがたの寛容を、みんなの人に示しなさい。主は近い。何事も思い煩ってはならない」(ピリピ4・4—6)。

そう、私たちはもう何ごとにも、「これだけ『しかない』」とは言いません。

教会は、主の約束した聖霊の降臨を待つ「たった百二十人」の人々から始まったのです！

第31話　わたしだ——いつもあなたがたとともに

マタイによる福音書14章22—34節

ガリラヤ湖の向こう岸で一日を過ごしたある夕方、イエスは弟子たちを小舟に乗せて先に帰し、自分はひとり山に入り、祈りました。ところが湖には大風が吹いて弟子たちの乗った小舟は逆風を真っ向から受け、少しも進めません。

想像してみてください。当時のことですから、町の灯りが湖面を照らしていたとは考えられません。しかも悪天候で星明かりもない真っ暗闇。松明《たいまつ》ぐらいは持っていたかもしれませんが、小舟の周囲の白波が逆巻く水面を、ほんのわずかぼんやりと照らし出すだけです。そして吹きすさぶ風の音。弟子たちは何時間もなすすべ無く、船べりにしがみついていたに違いありません。……ようやくあたりが白み始めた頃、彼らは何やら人の形をしたものが舟に近づいてくるのに気づきました。福音は、弟子たちが「恐怖のあまり声を上げた」と伝えています。「幽霊だ！」。

それは海を歩いてやってきたイエスでした。

「安心しなさい。わたしだ。こわがらなくてよい」。

これを聞いたペテロが例によって声を弾ませ「ではわたしにも水の上を歩かせてください」と願い出ました。「おいで」と手招きするイエスを見て、彼はそろりと水に足を入れます。なんと、水の上に立っている、しかも歩ける！……しかしそれもつかの間、ペテロは、主から目をそらした一瞬、視界に飛び込んできた波と、風の音におびえ、水に沈んでしまいました。助けを求める彼の叫びに、イエスは手を伸ばし、腕をつかんで言いました。「信仰の薄い者よ、なぜ疑った？」。二人は小舟に乗り込みました。悪霊だけでなく、自然現象をも支配するイエスです。


この、嵐に波逆巻く湖のさまは、私たちの生きるこの世と、そこにある人生そのものです。私たちは、この世という深い闇のただ中で、自分はどこへ流されてゆくのか、まったく見当もつかず、怯えと混乱に、不安と焦りに、叫びを上げて立ちすくみ、右往左往あてなくさまよい、時には破れかぶれに闇の中へ突進し、傷だらけです。そして疲れ切ってもう、まるでよれよれの雑巾のよう。どうしたらいいのか……。

「安心しなさい。わたしだ」。弟子たちの乗っていた小舟に近づいてきた主のこの言葉を、心の一番深いところで抱きしめてみませんか。

「安心しなさい。わたしだ」……。わたしには神の力があるから、安心せよと告げているのではありません。ただ「わたしだ」とお告げになるだけです。「わたしは力ある者」だとも「わたしはおまえの主だ」ともおっしゃらない。ただ「安心しなさい、わたしだ」。

皆さんが何か人生の逆風に怯えているとき、誰かがいきなり「安心しなさい。わたしだ。もう怖がらなくていい」、そう声をかけてきたらいかがでしょう。皆さんはきっともっと恐くなります。「この人はちょっとおかしい」って。しかしお弟子たちは、この「わたしだ」という呼びかけを聞いたとき、自分たちの前に立つお方がどなたであるか、すぐに悟ったはずです。

聖書が教える「わたしだ」という名のお方は、神さまお一方《ひとかた》だからです（出エジプト記3・14）。

イエスというお方を見つめましょう。福音に耳を傾けイエスを知りましょう。イエスにすがりつきましょう。自分を追い払わないイエス、自分をいじめないイエス、自分のことをウザッタイと吐き捨てないイエス、自分に目をとめてくれるイエス、自分のために泣いてくれるイエス、……自分のために苦しみ、そして死んでくださるイエス、その大好きなイエスへの愛が、心からあふれ出そうです。それを自分に正直に認めましょう。このイエスがいつでも、どこでも、どんなときにでも実はそばにいてくださり、私たちが不安や恐怖に足がすくんでしまったとき、いや怒りや憎しみで目を真っ赤にしているときでさえ、「安心しなさい。わたしだ」と声をかけてくださいます。この声が聞こえたら、たとえ死を目前にしていても、私たちは……、抱き取られるようにおびえや憎しみから救い出されます。

そんな声は聞こえない。そうかもしれません。聞こうとしなければ聞こえません。自分が不安や恐怖や混乱のうちにあることを、自分自身に正直に認めなければ聞こえません。自分が打ちのめされ、力尽きてしまっていることを、自分自身に潔く認めなければ聞こえません。自分が憎しみや怒りにとらえられて心を真っ黒にしていることを、ちゃんと認めなければ聞こえてきません。

そして、自分が自分をどうすることもできないまったく無力な者であることを自分に対してまっすぐに認めたら、つぎに自分自身に「安心しなさい。わたしだ」とゆっくりと、繰り返し言うのです。「安心しなさい。わたしだ」……。だんだんと心が温まってきます。やがてその声は自分の声ではなく、私たちはそれを知らなくても、私たちがそれを忘れていても、……決して私たちを離れないお方、イエス・救い主の静かな呼びかけに変わってきます。「安心しなさい。わたしだ」。

すばらしい贈り物が待っています。あたたかい涙があふれます。

「見よ、わたしは世の終わりまで、いつもあなたがたと共にいる」（マタイ28・20）。

第32話　怒りの連鎖から、愛の連鎖へ

マタイによる福音書18章23―35節

「あなたがためいめいも、もし心から兄弟をゆるさないならば、わたしの天の父もまたあなたがたに対して、そのようになさるであろう」（マタイ18・35）。

一人の家来が王様から莫大な借金をしていました。王様は彼を呼びつけその返済をきびしく求めました。家来はひれ伏して「もう少し待ってください」と願いました。王様はその姿を哀れみ、借金そのものさえ帳消しにしてくれました。しかし家来は帰り道で出会った、わずかな金を貸している友人の首を絞めあげて返済を迫り、「もう少し待ってくれ」と願う友人をゆるさず、牢屋に入れてしまいました。イエスのたとえ話です。

莫大な借金と申しました。一万タラントです。一タラントは六千デナリ、一デナリが当時のふつうの労働者の日給でしたから六千日、約十六年分の労働者の賃金のさらにその一万倍です。十六万年分の賃金です。返せっこありません。イエスは王様を神に、家来を私たち人に譬《たと》えています。人が神に負っている負い目は途方もない大きさだということです。ところがこれが、私たちにはなかなかわからない。神に背いた罪、人の負い目の途方もない大きさがわからないから、罪を赦した神の愛の途方もない大きさも同様にわからない。だから平気で友だちの首を絞めあげるのです。

私たちの罪……、何でしょう。私たち一人ひとりが犯す、小さな罪、大きな罪、いろいろあります。しかしそれに労働者の十六万年分の賃金で譬えられるほどの罪深さは感じません。人が神に負う罪の大きさを知るには想像力が必要です。

二十世紀の半ばヒトラーやスターリンは数千万人の人々を殺しました。また無数の小さなヒトラーが、小さなスターリンが戦場の狂気の中で、革命の冷たい熱狂の中で人々を虫けらのように虐殺しました。原子爆弾が一瞬にして何万人もの人々を蒸気にしてしまいました。それらがすべて正義の名のもとで行われました。今だって同じことが続いています。戦争や革命ばかりではありません。心のバランスを失った多くの人々から歪んだ情念が吹き出して、無数の異常な犯罪が起きています。現代だけではなくカインが弟のアベルを殺して以来、同様の悲惨な現実が続いてきました。

これが人間の罪です。しかしそれでも、私たちはそれは「人間の罪」ではあっても「自分の罪」ではないと思うでしょう。でも、ほんとうにそうでしょうか。

正教の師父たちは人というものを、古今東西すべての人々を包含する一つの全体と考えます。一つの人間性を共有しているとも言います。だから一人ひとりが、ひとりの人「アダム」の犯した罪とその結果を分かち合っています。人間性が個々人へと切り離されているのではなく、逆に全ての人を結びつけているので、私たちはすべての人、すべての物事に対し否応なしに関わっています。さきほど思い起こした「人間の罪」のすべてに対してもです。私がカンシャクを起こしてテーブルをひっくり返すとき、また誰かに対し「嫌な奴だ」と心の中で舌打ちする時、人間性全体の中に怒りの圧力が少し高まります。私の怒りが、家族の怒りを呼び、それが隣人たちの怒りを呼び、怒りが怒りを呼び続け、ついにその圧力の高まりは、地球の裏側で罪のない何人かの子供たちの手足を吹き飛ばします。今朝の、もう忘れてしまったほどの小さな怒りが……。私の罪はどんなに些細なものでも「私の罪」にとどまり得ない、あなたの罪はどんなに小さくとも「あなたの罪」にとどまり得ません。「罪の報いを受けるのはオレなんだから、ほっといてくれ」とは言えません。無数の人々の、それぞれのおそらく誰も気に留めない小さな怒りや、憎しみや、淫らな思いや、無慈悲さや、わがままが互いに圧力を高め合い様々な地獄をこの世界につくり出します。人間全体の罪が私を罪に引きこみ、私一人の罪が人々と世界全体を滅びへと引きずりこみます。

これが私たち一人ひとりが負う「十六万年分」の罪の重さ、深さです。

だから神は私たちを赦しました。赦しあうことのイニシアティブを神がとりました。私たちを「狂おしいほどの愛」(聖ニコラス・カバシラス)で愛しているからです。人を支配してきた罪の連鎖、悪の連鎖、死の連鎖を断ちきり、愛の連鎖、そしていのちの連鎖を結びなおそうと、まずキリストの十字架で一方的に神は人を赦し、その愛を受けて、私たち人が再び神が「かくあれ」と望まれた姿へ、すなわち愛する者へと成長してゆく道を備えました。

かつてその激しい性格からイエスに「雷の子」（マルコ3・17）とあだ名された「怒りの人」ヨハネは呼びかけます。

「愛する者たちよ。神がこのようにわたしたちを愛して下さったのであるから、わたしたちも互に愛し合うべきである」（Iヨハネ4・11）。

私たちの小さな罪が世界を地獄に引きずり込むならば、私たちの小さな赦しが、ちょっとした寛容が、ささやかな親切が、何気ない微笑みが互いに愛のエネルギーを高めあって、地球の裏側で一人のテロリストに復讐を断念させます。

第33話　知らないからです——婚宴のたとえ

マタイによる福音書22章1—14節

イエスは、神の救いを受けとろうとしない人々、……約束されている「神の国」に入ろうとしない人々を、王が王子のために催す婚礼の宴に、あらかじめ招かれていたのに、いざとなるといろんな理由をつけてやって来ない人たちにたとえます。王の僕たちが「さあ宴の用意ができた」と呼びにきても、彼らは畑仕事や商売に出かけてゆきます。あげくに王の僕たちは人々になぶり殺されてしまいます。

同じたとえ話をルカも伝えますが（14・15—24）、断り文句はもっと具体的です。

「わたしは土地を買いましたので、行って見なければなりません」。

「わたしは五対の牛を買いましたので、それをしらべに行くところです」。

「わたしは妻をめとりましたので、参ることができません」。

なぜ彼らは断わるのでしょう。王子の結婚式です。それはそれは盛大で、ごちそうも山ほど出ます。でも彼らは皆、辞退してしまいます。

用事があるのだから仕方ないだろう。……ホントにそうでしょうか。

彼らはあらかじめ招かれていました。結婚式です。「来週結婚式だからよろしく」、そんな招待はあり得ません。おそらく何か月も前に招待状は回っていたはず。畑仕事は誰かに代わってもらえばよかったし、商談だって、土地を見に行くのだって、牛を調べに行くのだって、あらかじめ別の日に予定を変えられるはずです。「妻をめとったばかりで……」なんて、まったく言い訳になりません。……

ようするに「行きたくなかった」！　でもどうして？

これはたとえ話です。「婚礼の宴」への参加は、神さまが何もかも備えてくれた救いの恵みを信じて受けとることです。救いとはこの「王子の婚宴」の喜びを分かち合うことです。神の御子、キリストに集められた人々がキリストを中心に結ばれる交わりの喜びです。そこにあふれているのは「永遠のいのち」です。そこは光あふれる「神の国」

です。どうしてそんなステキな所へ行きたくないのでしょう……。

知らないからです。その宴の素晴らしさを、その喜びの味わいを知っていれば、何をおいても、畑仕事も、商談も何もかも放り出して、……新婚さんなら嫁さん引きずってでも駆けつけるでしょう。……王様が全部支度してくれ、あちらから招いてくれているのです、会費も、ご祝儀もまったく求められていません……。晴れ着がなければ、招待側が貸してくれます（マタイ22・10、12参照）。


十字架の受難を前にキリストは弟子たちと過ぎ越しの晩餐《ばんさん》を共にしました。そこでは、十字架に献げられ、そこで裂かれ、流される主の体と血、そして十字架によって約束された主のよみがえりのいのちが、パンとぶどう酒として分かち合われました。人々が神に、そしてお互いに結び直され、パンとぶどう酒という、人々にとって最も身近なものが象徴する「この世」が、再び神への感謝の献げものへと創り直されました。この時、まさに「神の国」が主イエスを囲む小さな食卓に顕れたのです。そこでキリストは弟子たちに命じました。「これを行い続けなさい」（ルカ22・19）。

教会はこの「晩餐」を、主のお命じ通り行い続けます。それが「聖体礼儀《ユーカリスト》」です。そこにある「神の国」の味わいに何もかも忘れて身を委ね、心をそこに開いてゆけば、この味わいは限りなく深まり続けます。そこにある喜びは「神」の喜びです。「主人と一緒に喜んでくれ」（マタイ25・21参照。日本正教会訳では原文に忠実に「爾《なんじ》の主の歓楽《よろこび》に入れ」）という神の招きに応えて、私たちは神の喜びを私たち自身の喜びとして、「口を一つに、心を一つにして」（正教会聖体礼儀祈祷文から）神を讃えます。

キリストは三十八年間、奇跡を待って池のほとりに横たわり続けた男を見て、まず尋ねました。「なおりたいのか」（ヨハネ5・6）。長い間、横たわり続けた人は立ち上がるとき、全身を激しい痛みに襲われるでしょう。治らない方が楽かも知れません。また、キリストは人々に「だれでもわたしについてきたいと思うなら、すべてを捨てて、自分を捨て、自分の十字架を背負ってわたしに従ってきなさい」と教えました（マルコ8・34）。キリストに従ってゆくより、今まで通りの生活を続けていく方が楽かもしれません。楽でしょう、きっと。いや、楽に決まっています。

しかし主を信じた多くの人々、とりわけ聖なる受難者や、聖なる殉教者たちはその「楽」をなげうち、死すら恐れず、あの味わい、あの喜びへ向かってまっしぐらに翔け昇っていったのです。彼らの信仰が人並み外れた堅固なものだったからでしょうか。違います。彼らにあったのは、あの喜びに迎えとらえられたことへの感謝《ユーカリスト》以外の何ものでもありませんでした。彼らは日々「主の晩餐」と呼ばれていた聖体礼儀《ユーカリスト》に集うことで、その喜びと味わいを、約束された「神の国」の味わいの前触れとして知っていたからです。彼らには「いのち」へ向かって死を過ぎ越すという未知の体験への「ふるえ」こそあっても、王の宴会への招きを辞退することなどあり得ませんでした。

　私たちにも同じものが約束されています。しかしそれを信じて受け取ることを、神は私たちに決して強いません。真の愛、神の愛は愛している相手から自由を決して奪いません。呼びかけ続けるだけです（黙示録3・20）。

　「もうすぐ死にそうですから」、ついにそう言ってまで、招きを辞退するのでしょうか。

第34話　怠け者め——タラントは「タレント」？

マタイによる福音書25章14—30節

主のたとえ話です。長い旅に出る主人から僕たちが財産を預けられました。五タラント（1タラントはドラクメ銀貨6000枚相当。）を預けられた僕と二タラントを預けられた僕は商売をして倍に増やしました。彼らは帰ってきた主人から「忠実な僕よ、よくやった」とほめられ、さらに多くの財産の管理を任せられました。一方、一タラントを預けられた僕は、預かった一タラントをそのまま差し出して言いました。「あなたは大変厳しいお方です。一銭でも失ったらどんな目にあうかと恐れて、穴に埋めておきました」。これを聞いて主人は、この僕に「怠け者め。せめて銀行に預けて利子ぐらい稼ぐもんだ」と怒り、彼を外の暗闇に放り出しました。

タラントは「タレント」という英語のもとです。タレントは才能や才能ある人たちです。そこでこのたとえ話を引いて、神からいただいた才能や個性を十分発揮して生きるのが最もよい生き方であると、よく説明されます。「なるほど」と納得しそうですが、これほど的はずれな、ある意味で罪深くさえある解釈はありません。これはそもそも何についてのたとえ話だったかを思い出してみてください。主は次のように語り出したのでは……。

「天国はある人が旅に出るとき、その僕《しもべ》たちを呼んで、自分の財産を預けるようなものである」。

天国です。……では才能や個性を十分発揮して生きるのが天国にふさわしいと教えてるの？　たしかにこの世では「才能を伸ばそう」「個性を磨こう」とお金儲けの上手な人たちが人々をたきつけて「タレント」を花開かせています。でもホント？　育った環境や時代、また能力の違いなど、いろいろな事情で、「個性や才能を発揮して生きる」なんて贅沢《ぜいたく》な生き方とは無縁に人生を終える人たちが、ほとんどではないでしょうか。そんな人たちはみな「怠け者」であり、「外の暗闇に放り出される」、すなわち天国から閉め出されるのでしょうか。そんな馬鹿な。

タラントを預けられそれを増やした人とはどんな人でしょうか。

神を信じた人です。一タラントは六千デナリ。一デナリは当時のふつうの労働者の日当でした。六千万円！　一番少ない僕でも一タラントを預かりました。

これは神が私たち人の「一つの人生」に期待するものの途方もない大きさを表します。うれしい？　いいえ、私たちはふるえ上がります。

しかし同時にこれは、その途方もない期待に見合った、神が与える恵みの途方もない大きさでもあります。財産を殖やした人とはその恵みを信じ、「今、ここで」自分に預けられた、かけがえのない課題、とりわけ愛の課題に立ち向かい生き抜いた人です。

ではタラントを土に埋めた人とはどんな人でしょうか。

神を信じなかった人です。人生を神から預かった課題として生きなかった人。今自分がしがみついている自己満足、それもとてもあやふやな自己満足を失うことを恐れて、神が自分に促している道に背を向けている人たちです。「神を信じる」ことをためらい続け、約束されたものを疑い続け、信仰によって開かれる全く新しい生き方におびえ続け、信仰だけがもたらせる広々とした自由な場所、「天国」に入ろうとしない人たちです。神が人を「外の暗闇」に放り出すのではなく、人自らがそこに入ろうとしないのです。

生きることは一つの企てです。人生を企てとして生き始めたとき人は生き始めます。その企てはたんに神の存在を証しするのではなく、神の愛を証しする企てです。すなわち神に与えられたこの「いのち」は無意味なものではない。与えられたこの「いのち」は生きるに値し、どんな苦しみも悲しみも、人とさえなって私たちと一切を分かち合ってくださるキリスト・神と共に生きる喜びを奪えない、これを、この喜びを人生全体で証すという企てです。人がおびえを捨て、信じて、この企てに躍り込んでくること、それが神の最高の喜びです。この企ての成否は、それぞれの人が持っている才能《タレント》や個性とは無関係です。私たちが、それぞれの決して逃げ出せない状況を進んで引き受けたか、神が自分に何を求めているか真剣に祈り求めたか、しくじりを恐れず立ち向かったか、困難や苦しみを十字架として、キリストが課した「負いやすいくびき」として背負ったか、しくじった時は神に赦しを請《こ》うたか、結果を神に感謝し隣人と喜びを分かち合ったか、それにかかっています。この「神を信じる」、神を愛として信じる人生こそ天国だ、このような人生を生き抜いた者、受けた愛を互いに分かち合った者たちにこそ、〝天国の門は、神の喜びの宴の扉は開かれる〟、主はそう教えているのです。

第35話 「自己実現」の逆説――さらに「タレント」について

知人がイタリアのある女流「イコン（聖像）画家」（カトリック教徒）を紹介するパンフレットを送ってくれました。作品が何点か美しくカラー印刷されています。

しかし一見して何とも言えない違和感！ です。確かにテーマも構図も技法も伝統的な「イコン」そのものですが、全くイコンではないのです。そこで、もう一度見直してみると、伝統的な構図や絵柄に見えて、実は細かい部分に、画家の工夫や微妙な変更が加えられているではありませんか。それらによって彼女独自の美の世界、言い換えれば「彼女らしさ」が見えて来る仕掛けになっていたのです。彼女は東方正教会において世代から世代へ「描かれた福音」、「永遠への窓」として育まれてきたイコンを、自分の個性や技量をふるって自分の美の世界を表現する器としてたんに利用しているように感じられてなりません。もしそうなら、近代西欧キリスト教芸術に共通に見られるその態度は、正教会のイコンの伝統や霊性とは無縁なものです。

西方教会の霊性は、自分の個性や能力を生かすことが神の栄光を表す道と考えます。活動的でしばしば攻撃的な文化が育まれ、世界中を覆い尽くしました。

反対に東方は「だれでもわたしについてきたいと思うなら、自分を捨て」なさい（マタイ16・24、マルコ8・34、ルカ9・23）という主の呼びかけを文字通りに受け取り、個性や能力を生かすことよりも自分の心に深く根を張っている「我」を殺すことを緊急かつ最終的な課題ととらえます。個性や能力を生かそうと意気込むことは、たとえ神様や教会のためと思っていても、実は賞賛や名誉や自己満足への欲求の偽装である場合がほとんどです。自分という器から「我」というやっかいなガラクタをすっかり放り出して始めて、私たちは自分自身に聖霊を迎え入れ、自らをキリストが働く器とすることができるのです。

したがって、文化遺産として尊ばれる数多くのイコンにも、今日も修道士たちやイコン画師たちが描き続ける新しいイコンにも、制作者の署名はありません。昔も今も、伝えられた聖なるイメージを忠実に守り抜くのに懸命な彼らに、自分なりの美の世界を創造し、その「作品」に署名して後世に名を残そうなどという意識があろうはずがありません。

「自分が何をしたいのかわからない……」。若い人たちからよく聞く言葉です。「自分にはもっと別の生き方があったはずだ。今の自分はほんとうの自分ではない。でも、どうやってそれを探したらいいのかわからない……」という困惑や焦り、そして不安の表れです。

こんな気分の背後に「自己実現」こそが人生の目的であるという価値観が潜んでいないでしょうか。自分の欲求や感性に忠実に、自分の個性や能力を百パーセント生かせてこそ善い生き方、成功した人生であるという思いです。タレントやアーティスト、また個性豊かな起業家たちが若者たちのヒーローであるのはそのためです。「ヒーロー」たちは実現を心から願う人生の目標を持ち、そのための才能とエネルギーを持ち、それを実現したかのように見えます。

この一握りのヒーローたちの対極に無数のノン・ヒーローが存在します。彼らは自らを平凡な、これといった才能も、これといった望みもない「自己実現」できない人間と見なします。コツコツ働く父親や、家事にあれこれ心を労する母親の姿に自分の将来を重ね合わせ、それらを失敗した人生、「負け組」の人生と断じます。「自己実現」――思う存分才能と個性を発揮し自分の望みを実現する人生こそ善い人生――「勝ち組」の人生という思いにとらわれている限り、彼らは一生この焦りと不安、そして劣等感や妬みから脱出できません。実は若者だけでなく現代人の多くがこのような思いの中にいます。そしてその不安につけ込んでお金儲けをしたい者たちが「まだ遅くない、あなたの隠れた才能をみつけよう！」と追い打ちをかけます。教会でさえ時に「タラントのたとえ」（マタイ25・14―30）を振りかざして、「神さまを信じて、前向きに！」と、「福音に怯える」キマジメな信徒たちをいっそう縮みこませます。自分の個性や能力を生かすことこそ神の栄光を表す道と考える西方の霊性のたどりついたのは、この「自己実現の呪縛」に追いつめられ心身をすり減らした人々の群です。まさに「自分の命を救おうと思う者はそれを失う」（マタイ16・25）のです。

それではどうすれば、自分の人生に価値を認め、無数の隣人たちのそれぞれの人生を価値と意味に満ちたかけがえのない神の宝物として喜び合えるようになるのでしょう。

キリストの宣教の第一声は「悔い改めよ、天国は近づいた」（マタイ4・17）でした。

悔い改めとは生きる姿勢の転換です。「自己実現」に疲れ果てた私たちに今求められている転換は、「したいことをする生き方」から「しなければならないことをする生き方」への転換です。「したいこと」はなくても、「しなければならないこと」は山のようにありませんか。家族のための、隣人のための、社会のためのつとめがあります。「何もやる気が起きない」とふてくされている私たちのすぐ隣に、慰めや労りや援助が必要な傷ついた人たちはいないでしょうか。自分の欲求にではなく、神が自分に求めていることに忠実に従うことです。自分を捨ててキリストに従うことです。神としてのお姿をなげうち、己れを虚しくし僕《しもべ》・人間の姿になり、己れを低くして、十字架の死に至るまで従順だった（ピリピ2・6―7）キリストとともに、「おのれを虚しく」し、神の求めに従順であることです。「しなければならないこと」はしばしば「したくないこと」として差し出されます。イエスは「できることでしたら、どうか、この杯をわたしから過ぎ去らせてください」（マタイ26・39）と祈らなかったでしょうか。

そうして始めて、私たちの人生はキリストとともに生きる人生として意味と価値を取り戻します。家族や隣人のために平凡を生き抜く人々の中に主・キリストの姿を発見します。まさに「わたしのために自分の命を失う者は、それを見いだす」（マタイ16・25）のです。その時、私たちの人生は真の自己実現を達成します。私たちの生き方にキリストのイコン（イメージ）が輝き出します。それは、「自分の美」を捨てて、伝統に忠実であり続けた人々が描くイコンが、期せずして独自の美を実現したかけがえのないイコンとして光輝を放つのと同じです。

第36話　ちょっと意地悪──境を越えて

マタイによる福音書15章21─27節

イエスの振る舞いにはときどき「あれっ」と首をかしげたくなることがあります。今回のイエスは、ちょっと意地悪です。

舞台は主と弟子たちがいっとき身を寄せようと向かった異邦人カナン人の町、ツロとシドンへの道すがらです。イエスと弟子たちが国境を越えると、一人のカナン人の女が「主よ、ダヴィドの子よ、わたしを憐れんでください。娘が悪霊にとりつかれて苦しんでいます」と叫びながら、主にまとわりついて離れません。イエスは無視します。弟子たちが「うるさいから、頼みをきいてやって追い払ってください」と願うと、何と意地悪な返事、「わたしはイスラエルの人々のために遣わされたのだ、あなたたち異邦人のためじゃない」。女はそんな言葉は耳に入らないかのように願い続けます。するとイエスは追い打ちをかけるように、こんなことまで言います。「子供たちのパンをとって、子犬に投げてやるのは、よろしくない」。子供たちとはイスラエルの人々、子犬は異邦人たち。こんなイヤミで回りくどいあてこすりは、あからさまに言うよりかえってひどく人を傷つけます。ひどいお方です。ところが女はめげません。逆に「しめた！」とばかり、主のあてこすりを逆手にとります。「そう、その通り！でも子犬だって、主人の食卓から落ちるパンくずぐらいはいただきます」。

見事にうっちゃりを食らったイエスは、脱帽します。いや正確には、見守っている弟子たちや物見高い人々に脱帽したふりをして見せたのかもしれません。何を言われようがひるむことのない彼女の信仰を、ならうべき模範として示したかったのではないでしょうか。

「いや見上げた女だ。おまえの信仰がおまえを救うだろう。願いは叶えられる」。そのとき、娘の病は癒されました。

このカナンの女を、ひるむことなき信仰の人、どんな屈辱も自分のような者には当然と受けとめる謙遜な人、その信仰と謙遜さが生んだ機知に富んだとさえ言えるほどのしなやかな心の持ち主と、賞賛しておしまいにしてもよいのですが、もう少し掘り下げてみたいのです。

彼女が国境を越えて出てきた、自分たちを異邦人として軽蔑しているユダヤ人の一人であるイエスの前に出てきた、ここには病いの娘への思いの、のっぴきならない深さがあります。その行動は必死のものでした。異邦人には異邦人なりのプライドや誇りがあったはずです。しかし、このとき彼女にはプライドも誇りも問題ではありませんでした、「子犬」と呼ばれても傷つきませんでした。また彼女にはお高くとまったユダヤ人たちの蔑視にさらされ続けてきたために生まれた、深い劣等感もあったでしょう。しかしこのとき彼女はそんなコンプレックスから自由でした。

だから、イエスの意地悪な言葉に思わずむっとしたり、怒りに震えたり、悔しさで黙り込んだりしなかったのです。彼女は民族にも、自分自身にもまったく関心がなかったからです。ナショナリズムやエゴイズムを信仰によって克服したなどということではありません。そんなものなど吹き飛んでしまっているのです。彼女は病気の娘にしか関心がないのです。

彼女はイエスに「わたしを憐れんでください」、「わたしをお助けください」と願っています。しかしそれは、「病気の娘を持って苦労しているわたしを憐れと思って、娘を癒して、わたしから苦労を取り除いてください」という意味ではありません。彼女は病気の娘と一つなのです。娘が苦しければ、彼女も苦しいのです。娘が何も食べられなければ、彼女も食事がのどにつかえてしまうのです。娘が痛みに泣き叫べば、彼女も痛みに心が引き裂かれるのです。娘が熱でのたうつ時は、彼女ものたうつのです。娘が希望のない将来に絶望するなら、彼女も気も狂わんばかりに絶望に胸を打つのです。彼女は娘と一つなのです。

彼女はまさに、このとき「無私の愛」そのものです。この無私の愛が、「異邦人である自分」、「人としての誇り」……、人を小さな「己れ」の中に閉じこめてやがて腐らせてしまうかたい殻を踏み破って、そう「国境を越え」て、イエスのもとに「出て」行かせたのです。彼女は、主の前でこの上なく自由でした。何ものにもとらわれず、しなやかに主の「意地悪」に対抗することができました。

「狂おしいほどの愛」（ニコラス・カバシラス）によって無私となり、自分のかたちを破って、出てきた者、そういう人を私たちはもう一人知らないでしょうか。その方も境を超えて、私たちの所に来ました。狂ったように愛している私たちと一つになりました。私たちとともに苦しんでくれました。そして今も、私たちに自由を与えるために、「あなたが閉じこもっている場所から、殻をやぶって出てこないか」と呼びかけ続けています。

カナンの女とイエスが、それぞれの境を踏み越えて出会いました。

神としての境を超えて「出て来た」イエスに、私たちもまた自分で自分を閉じ込めているかたい殻を破って歩み出ることで、出会えるのです。

第37話　甘く愛しい子よ

ルカによる福音書7章11—17節

イエスはある日、ナインという町の城門で、墓へ向かって町を出てゆく葬式の行列に出会いました。あるやもめの女が一人息子に先立たれたのです。泣き叫びながらおろおろと棺に付き添う母の姿を見て、イエスは哀れさに胸がいっぱいになって、思わず声をかけました。「泣くな」。主は棺に近づき手を置いて、「若者よ、起きなさい」と命じました。すると死人は息を吹きかえし、むっくり起き上がりました。

いま私は、イエスは「哀れさに胸がいっぱいになって」と申しましたが、日本正教会訳では「憫《あわ》れみて」です。それに比べると「哀れさに胸がいっぱいになって」という私の表現はひどく感傷的で、少々大げさではないかと思われるかもしれません。しかし決して大げさではありません。むしろここで用いられているギリシャ語の原語は、「腹わたが揺れる」という意味を持ったたいへん強い言葉です。「かわいそうだな、あわれだなと思った」なんて生やさしいものではありません。

私たちが主と仰ぐお方、私たちと共にいてくれるお方、私たちにそのいのちをくれるお方、キリスト・イエスは子に先立たれた母の悲しみを、その揺さぶられる腹わたの引き絞られるような痛みとして心に受け止め、そのからだに刻みつけたお方なのです。

ここで気づいていただけるでしょうか。主イエスは、ご自身もやがてその母を残して死ななければならないことを、覚悟していたということです。

今、目《ま》の当たりにしているやもめの母の姿は、やはりやもめであった母マリヤの、その定めの時の姿、十字架にかけられた愛する息子を、なすすべなく仰ぎ見るほかない姿に重ね合わされたに違いありません。

教会は、生神女マリヤを讃える祈りの中で、こう歌います。

「純潔なる女宰、生神女は、その子が美しい姿もなく、その栄光もはぎ取られて、十字架にかかっているのを見、泣いて言った。『かなしい、甘き者よ』」。

「甘き者よ」、おのれの腹を痛め、そしていつくしみ育てた子を、いとしいでもなく、かわいいでもなく、甘き者と呼ぶのです。その子がいま、奪われようとしている、……

ああ、甘き子よ、この最後の呼びかけがマリヤの胸の奥から絞り出されます。

またこうも歌います。

「キリストよ。あなたを生んだ者は、いまあなたの十字架の傍らに立って、不法な裁きによって苦しみを受けるあなたを見上げて、すすり泣いてあなたを呼ぶ。甘く愛しい子よ」

ついに息絶えた子を見て、母は泣いて叫びました……

「わが子よ、神であるあなたの、口では言い表しつくせないへりくだりの死を、みずから引き受けた死を、わたしはどうやって耐えてゆけばいいの……」。

……しかし、この母マリヤの悲しみ以上の悲しみがありました。

母の悲しみの深さを知る、イエス自身の悲しみは、さらに深かったはずです。ナインの町の城門の下で、残される母親の姿に腹わたが揺さぶられるほどの憐れみを感じた者が、みずから母を残してゆかなければならない悲しみです。

「自分が死んでも三日目にちゃんと復活することを知っている者の、そんな悲しみなんてあり得ない、あっても見せかけだ」なんて思わないでください。また「逆にその悲しみがもし見せかけでなかったのなら、復活など実はなかったんだ」などとからまないでください。そのような理屈で固めた「いちゃもん」に、私たちクリスチャンは誰も反論できません。しかし使徒たちは主の紛れもない悲しみも、否定しようがない復活も、ともに体験したのです。

神であるお方が、まことに私たちと同じ人となられたのです。私たち人の苦しみや悲しみを、人の生きなければならない苦境を、完全に分かち合うためです。十字架から母に眼差しを注ぐイエスの悲しみが、もしみせかけであったなら、「神が人となった」などと信じる正統キリスト教の教え全体がまやかしです。

愛する子を失ってしまった父や母の悲しみが、腹わたが揺さぶられるほどの憐れみと共にイエスに分かち合われました。そして、この世の様々な苦悩の中で、母を残して世を去らなければならない、ならなかった多くの子の悲しみ、……その悲しみが、やはり母を残して死ななければならなかったキリストに分かち合われました。

「わたしよりも父または母を愛する者は、わたしにふさわしくない」（マタイ10・37）。

そう断じたお方はこういうお方です。

第38話　わたしの隣人とは誰のこと――善きサマリヤ人

ルカによる福音書10章25―37節

一人のユダヤ人が旅の途中で追いはぎに身ぐるみはがされて半殺しにされ倒れていました。ユダヤ人の司祭もレビ人も、死者にふれてケガレを受け、神殿での聖務にさしさわってはいけないからと自分に言い訳をして通り過ぎました。彼に目をとめて介抱し、ロバの背に乗せ宿屋に運び込み、主人にお金を渡して「面倒を見てやってください」と頼んで去ったのは、ユダヤ人とは犬猿の仲であったサマリヤ人でした。ご存じ「よきサマリヤ人」です。

この話は一人の律法学者に語ったイエスのたとえ話です。イエスと律法学者の間にこんなやりとりがありました。

律法学者が尋ねます。「先生、何をしたら永遠の生命《せいめい》が受けられましょうか」。

私たちも、いつも自分にこう尋ねていませんか、「どうしたら、救われるだろうか」。イエスは律法学者に「律法には何と書いてある？」と問い返します。彼は『『心をつくし、精神をつくし、力をつくして、主なるあなたの神を愛せよ』。また『自分を愛するように、あなたの隣人を愛せよ』とあります」と、模範解答。主は「そうだよ。そうしなさい、そうすれば生命《せいめい》が手に入る」と答えます。主にとって神を愛することは隣人を愛することと「おなじこと」（マタイ22・39）です。「神への愛を隣人への愛として実践しなさい」。これが主のお答えです。それに対し律法学者は「わたしの隣人とは誰のことですか」と尋ね返します。

やりとりを整理してみましょう。「何をしたら永遠の生命《せいめい》が手に入るか」「隣人を愛することによって」。では「私の隣人とは誰か」。実は「私の隣人とは誰か」という問いは、恐ろしい問いです。「誰を愛すれば、永遠の生命《せいめい》が受けられるか、救われるためには誰を愛すべきか」ということであり、言い換えれば「誰は愛すべきで、誰は愛さなくてよいか、もしくは愛すべきではないか」だからです。ユダヤ人たちには答えは実に明快でした。「同胞ユダヤ人こそ隣人」です。

しかしここでは私たち一人ひとりの問題として考えてみましょう。

実はこういう問題意識にハマってしまうと、「自分さがし」ならぬ「隣人さがし」の迷路に迷い込んでしまいます。自分の愛を誰に注ごうかと、親切や慈善や援助の対象を探して、「かわいそうな人さがし」が始まり、そのさまよいは国内にとどまらず、全世界にまで広がり、ついに鯨やイルカにまで隣人をさがし求めてゆくことになります。その目的は、「隣人」の救いそのものではなく「自分が救われること」「自分が永遠の生命《せいめい》を手に入れること」です。自分が自分の関心の中心である生き方、自分のことにしか関心を寄せない生き方が」、隣人への愛の実践という仮面をかぶっているだけ、そんなことになりかねなません。キリストがこのたとえ話を通じて覆そうとしたのは、同胞しか愛を注ぐべき隣人としないユダヤ人たちの閉鎖性であるよりは、むしろ私たちの心に深く根を張っている、自分を喜ばすことにしか関心を寄せない、極限の閉鎖性、「自己性」だったのです。

キリストはたとえ話を結んで、「誰がこの三人のうち、気の毒な人の隣人となったか」

と律法学者に尋ねます。キリストは、私たちはわざわざ隣人を探す必要はなく、また隣人は探しあてるものでもないこと、むしろ「いま、ここで」出会っている人を「隣人とする」かどうか、正しくいえばその人の隣人となってゆくかどうかが、いつも一人ひとりに問われていると教えるのです。

このたとえ話のサマリヤ人は自分に関心を持っていません。彼の関心は目の前の気の毒な怪我《けが》人だけです。怪我《けが》人が少しでも早く回復して歩けるように手を貸すこと、これにしか関心がありません。だからその親切は過剰ではありません。「民族間の積年の憎しみの克服をめざして」などとラッパは吹きません。その人を怠惰に床に横たわり続けさせる誘惑ともなりかねない余分なお金は、主人に渡しません。しかし「必要だったら、帰りに支払うから」と言ったように、惜しみなく施す心づもりはできています。また私たちは人に親切にしても感謝されないと、少し腹を立てたり、むっとしたり、悲しくなったりしがちですが、このサマリヤ人にはそんなことは少しもなかったはずです。彼には自分を喜ばすことへの関心がないからです。

こんなサマリヤ人のようでないなら、人に親切にしても意味がないと言いたいのではありません。ただ自分の親切には自己愛が混ざっていることを知って、いつも謙虚であること、そしておのれの罪によって半殺しにされた私たちがまずなすべきは、私たちのただ一人のサマリヤ人、真の隣人となった神・キリストの愛を迎え入れること、……これをまず確かめ合い、その上で、今度は私たち自身を、自分の愛ではなく、このキリスト・神の愛の注ぎ口として神にささげる道を歩み出させてくださいと祈ること、求められているのはこれです。

「誰がこの人の隣人となったか」「私の隣人とはだれか」という問いに、イエスはこう問い返すことで応じました。自分が「自分好みの隣人」を選ぶのではなく、そのとき、神が自分の身近に置いてくださった人々を、隣人としてあらためて見いだしてゆくことが求められているのです。

第39話「愚か者よ」——でも、ほんとに愚か？

ルカによる福音書12章16―21節

大豊作に恵まれたある金持ちの農園主がうれしい悲鳴を上げます。「困った、困った。収穫を全部しまっておく場所がない」。そこで古い倉を取り壊して新しいもっと大きな倉を造ることにします。そしてほくそ笑みました。「しめしめ、これだけ蓄えがあれば、いつまでも安心して豊かに暮らせる」。それを聞いて神が彼に言いました。「愚か者よ。おまえは今夜死ぬことになっている。そんな蓄えが何の役に立つものか」。「自分のために宝を積んでも、神に対して豊かにならない者は、みなこれと同じだ」。イエスはこう言ってたとえ話を結びます。

このたとえ話は昔から「愚かな金持ちのたとえ」と呼ばれてきました。

しかしこの金持ちはほんとうに愚かなのでしょうか。安心して豊かに暮らせるように知恵をしぼることが、そんなに愚かなのでしょうか。私たちがみんなそれぞれに心を労していることです。この言いがかりに対しては、イエスはあっさり「そう、愚かだ」と言い切ってしまうでしょう。ほかに読みようがありません。

主は、この世での『今の』生活とそのやりくりに心をとらわれて、神のために、そしてこのたとえ話の前提である、死後も神との関係の内にあり続ける自分の魂の、そのあり方に心を用いない愚かさを警告しているのです。

しかし、いまこのたとえ話を聞かされている私たちの社会は、必ずしも神の存在や、霊魂の不死を信じていません。それらが疑いなく自明のことと誰もが信じている時代ははるか昔に、終わってしまっています。人は死んだら、ぷっつん、テレビのスイッチを切るようにすべてが終わってしまうということこそを、ほとんどの人が実は自明のこととしています。

もしそうなら、この世での生活を幻ではない唯一の確かな現実と見なして、せめて生きている間、安心して豊かに暮らせるように知恵を絞るのは当然でしょう。「死んじゃったらおしまいなんだから……」と面白おかしく、気持ちよく生きるのだって、他人の権利を侵害しない限りはそんなに悪くない生き方です。

私たちの愚かさは実は、神にではなくこの世に、自分のために、宝を積むこと以上に神を信じない愚かさ、目に見える現実しか「真実」「実在」とみなさない愚かさだとは言えないでしょうか。そして、それは「愚かさ」というより「惨めさ」です。自明のこととしての「神や仏」の存在を失った私たちの惨めさです。「信じるべき神などいないなら、何を信じるんだ。この世の幸福だろ。快楽だろ、楽しみだろ。それを保証してくれる金だろう。それを刹那的と言うならどうぞご勝手に」。この居直りに反論できますか。

キリストがそのたとえ話の最も深い部分で私たちに気付かせようとしているのは私たち人が堕ちているこの愚かさ、この惨めさです。

ではどうやってこの愚かさ、この惨めさから逃れられるのでしょうか。逃れるための道はあるのでしょうか。

あります。逃れられます。

それはこの愚かさや惨めさに居直って生きている人、生きていける人は実際にはほとんどいないことが、証ししています。神を信じない生き方に人は居直れません。お金を求めて、「しあわせ」を求めて、あくせく働くことが、目の楽しみ、耳の楽しみ、口の楽しみ、肉体の楽しみを次々とっかえひっかえ、飽くことなく求めてやまないことが、落ちつきなくさまよい、あちらこちらをキョロキョロ見回して「何かいいこと無いか」と自分を駆り立てていく、この私たちの姿そのものが……、人はホントは、「この世」が差し出すやがて朽ち腐ってゆくまがい物ではなく「神」を求めているということ、人はそこにたどり着かない限り、一刻として安らえないこと、人間の理解や納得はまったく超えているにせよ「神」が存在し、私たちに呼びかけていることを証拠立てているのです。聖アウグスティヌスの次のことばは、決して古びることのない永遠の真実です。

「あなたは私たちを、ご自身にむけてお造りになりました。ですから私たちの心は、あなたのうちに憩《いこ》うまで、安らぎを得ることができないのです」（『告白I』第一巻第一章、山田晶訳、6頁、岩波文庫）

だからこそイエスはこの「愚かな金持ちのたとえ」に続いて、……空の鳥を見なさい、野の花を見なさい、何も持たない、何も持とうとしない彼らはあんなにのびやかで、あんなに美しいではないか。私たち神に創られた者にとって、この世界そのものが神からのすばらしい贈り物ではないか、この贈り物の素晴らしさそのものが神さまの存在の確かな証しではないかと、呼びかけるのです。

神の存在をむりやり信じ込み、その信じ込みに閉じこもり、しがみつくことが「信仰」ではありません。イエスのこの呼びかけに応えて、神など存在しない、目に見えるものだけが真実であるという、実は何の根拠もない「自明さ」への逆の「思い込み」を捨てて、心も「身体《からだ》」も限りなく開き続け、この目に見える世界を見えない真実が開き示される場として少しづつ取り戻してゆくこと、これが「生きた神」とのまことの交わり、「信仰」です。目に見えない神が、人の心と身体《からだ》をとって目に見える者としてこの世に来てくださり、私たちのために回復してくださった人のほんとうの生き方です。

神キリストの体と血を分かち合う聖体礼儀《ユーカリスト》は、この目には見えない神の真実との交わりであり、開示《マニフェスト》です。

第40話　女が最初に見たものは

ルカによる福音書13章10―17節

つらい時、私たちはたぶん、下を向いています。泣き出したい、叫び出したい、そんな思いを抱きかかえるようにして、アスファルトの路面ばかり見つめながら何時間も街を彷徨《さまよ》ったことがある人もいるでしょう。そんな時、私たちは自分の苦しみや悲しみに凝り固まって、そのつらさ以外の何も見えません。

「人」というものも、神とともに生きることを止め、神に背を向けて自分の力だけで生きていこうとし始めたときから、同じように下を向いて、自分だけの世界の中で、もがき続けています。まるで、大事な駒が一つ足りないことに気づかないまま、答えの出るはずのないパズルに夢中になっているようなものです。

今回の福音は、十八年間も腰が曲がってかがんだままの女が、キリストに手を置いていただくと、「立ちどころに、そのからだがまっすぐになり、そして神をたたえはじめた」と伝えます。

この女が十八年間見つめ続けたものは何だったのでしょう。彼女の眼も、やはり常に下を向いていて、地面ばかりを見つめていたに違いありません。そして、自分の惨めな姿が、心から離れたことは一時もなかったに違いありません。何の希望も期待もなく、死に向かってずるずる引きこまれていく、そんな「今」と「これから」の闇しか見通せなかったに違いありません。正教の聖師父たちはこの彼女の姿に、罪と死に縛り付けられ、自分の力で何とかしようともがけばもがくほど状況が悪くなる一方の「人」の姿を見てきました。かがみ込んで、まさにパウロの言う「這《は》うもの」（ロマ1・23）のかたちを生きる私たちです。

ところで、この女は自分の側から主に癒しを求めたのではありませんでした。キリストに願いも、手を差し出すこともしませんでした。キリストが傍《かたわ》らに立っていることにすら気づきませんでした。「いいことなんかあるはずない。今日も、明日も、死んでしまうまで……」。そんな思いだけが彼女の腰をますます低く低くかがめさせていました。ここには惨めさに慣れきってしまい、神に救いを求めようともしない、神が人となって傍《かたわ》らに立ち、その救いに招いているのに、それに全く気づかない私たちの姿があります。

だから彼女の背に主イエスがいきなり手を置いたとき、「神に背こう」とすら思わぬほどに神を忘れている私たちの背にも、主は手を置かれたのです。この日は安息日でした。約束された主の日、日曜日を目前にした安息日に、神がついに人のよみがえりに向けてイニシアティブをお取りになったのです。

癒され、からだが真っ直ぐになった女が最初に見たものは何だったでしょう。

今までに一度も見たことのなかったもの、はるか遠い昔には毎日見ていたけれどもう長い長いあいだ見ていないもの、……「上」です。彼女は天を仰いだのです。会堂の天窓から光が射し込み、その窓からは青い空がのぞき見えたはずです。人は上を向いてものを考えません。上を向いて悩みません。上を向いて自分の思いに凝り固まることは、たとえ固まろうとしても無理です。上を向いた時、天を仰いだ時、もつれあい凝り固まった思いはほどけ、溶け去ってゆきます。私たちは胸を開き、心を開きます。開いた胸に流れ込んでくる息といっしょに、天から注ぎ込まれる神の息を、聖霊の息吹きを受け取ります。なくなっていたパズルの駒が見つかりました。人間が二本足で立って歩くように創られたのは、天を仰ぎ見るためだったことを人は忘れていたのです。

女は「そして神をたたえはじめた」とあります。いのちを、世界を、神から私たちに贈られた愛の贈り物として受け取り、神をたたえ、神に感謝するいのちが回復しました。世界は喜びの色に染め替えられました。

私たちも同じです。聖体礼儀で献げられたパンとぶどう酒の聖変化に備え、司祭は両手を天に掲げ「心を上に向うべし」と呼び掛け、私たちは「主に向かえり」と答え、司祭はさらに「主に感謝すべし」と命じます。私たちは「父と子と聖神（「聖霊」の日本正教会訳）の一体にして分かれざる聖三者は尊み拝まるべし」と喜びにあふれて歌います。三位一体の神を讃え感謝の内に生きること、その感謝を限りない喜びに高めてゆくことこそ人の真の生き方であると示されます。それを聞いて、私たちは天使たちと共に「凱《かち》歌《うた》を歌い、呼び叫びて」歌います。その時、天を仰いだ女が次に見たのが会堂に共に集う人々だったように、私たちも喜びに輝くお互いを見つけます。

第41話　誰かがさわった――知っているのになぜイエスは

ルカによる福音書8章41―56節

無邪気な女の子にも突然、その真っ白な無邪気さをもう取り戻せない……、わけのわからない不安と悲しみが襲いかかってくる日が来ます。その日から十二年間も長血《ながち》をわずらっている女がいました。その苦しみは、肉体の苦痛にとどまりません。ユダヤの律法は身体から何かが流れ出すことを「汚れ」と見なします。現代人にとってそれは偏見でしょう。しかし彼女自身もその偏見に生きていました。「わたしは汚れている……」。彼女は、評判のよい医者を次から次と訪れ、良い薬と聞けばどんなに高価でも惜しまずに手に入れました。しかし少しもよくなりません。ついにお金を使い果たして無一文になったとき（そう、力尽きたとき）、イエスに出会ったのです。彼女は主に最後の望みをかけて、せめて自分のような汚れた者でも、衣の裾ぐらい触れさせていただけるだろうと、背後からにじり寄り手をさしのべました。すると……

「長血がたちまち止まって」しまいました(44節)。自分に誰かが触れた気配に振り返った主は、そこに、自分の身に起きた奇蹟に震え、ひれ伏す女を見いだしました。主は女に告げます。「あなたの信仰があなたを救ったのです。安心して行きなさい」(48節)。

この癒しを、また他の多くの主の癒しの福音を、「主を信じてあなたも病気を癒していただきなさい」という呼びかけとして聞くなら、私たちはたちまち次の事実に立ちすくんでしまうでしょう。

この女もやがて年老いて何かの病気で死んだということです。彼女の出来事から二千年間、多くの人々が主イエスを信じて病の癒しを祈りました。しかしすべての人々が、癒されたわけではありません。たとえ一時は治っても最後は死にました。今も私たちは主を信じて熱い祈りを――自分のため、家族のため、仲間のため、名も知らぬ人々のためにも――献げます。そして奇跡は今も起きています。しかし治らない人もいます、そして人生の最後にかかる病気は絶対に治りません。

ではキリスト教は当てにならないインチキ宗教でしょうか。本日の福音を、女が主に病気を治していただいた話として読む限り、そういう言いがかりに私たちは立ち向かえません。

長血の女に起きたのは病気の癒しではありません。「誰かがわたしにさわった」、主はそう言って振り返りました。でも主はすべてを知っていて、あえて訊ねたのです。主が、この女に差し出したのは病の癒しそのものではなく、ご自身との出会いだったからです。病気を治す力を持つ「霊能者」イエスとの出会いではなく、神であるのに人となって私たちのもとにおいでくださった、神の愛そのものであるお方、イエスとの出会いでした。女は愛に出会ったのです。キリストが「誰かがわたしにさわった」と振り返ったとき、「さまよい出た羊」（ルカ15・4）「失われた銀貨」（ルカ15・8）であるこの女を、愛であるお方が、その方の愛が見つけ出したのです。イエスはいつも探しています。戒めを破ってしまい、怯えて木陰に隠れたアダムとエバに「あなたはどこにいるのか」（創世記3・9）と呼びかけた神として、キリストは探し続けています。いや、主は私たちの居所はとっくにご存じです。探すのではなく、お待ちになるのです。決心して私たちが御前に出てくるのを。私たち人は、自分の側から出て行かなければ、ほんとうにはキリスト・神に出会えないからです。たとえ癒しの賜物《カリスマ》には出会えても、神による「救い」には、神の愛には出会えないからです。

彼女を汚れた者と蔑む人々、去っていった友人たち、厄介者扱いをする家族たち、律法を盾に神殿に入ることを許さない司祭たち、反対にすり寄ってきて、彼女からお金を引き出すことしか考えない医者や薬屋、まじない師たち。長い間、彼女はそんな人々とばかり出会ってきました。誰も、彼女を、「金づる」とほくそ笑みこそすれ、決して愛しませんでした。誰も彼女の重荷を共に負ってはくれませんでした。

しかしついに彼女は愛に出会いました。罪人として蔑まれる人々と食事をし酒を酌み交わすお方、人間の弱さをはねつけ罪を裁くのではなく、受け入れ、赦し、新しい「いのち」をくれるお方、自分の救いしか眼中にない、哀れではあれ、自己中心的な彼女の行動に「あなたの信仰があなたを救った」と目を留め、それを祝福し、育てようとするお方、この愛であるお方に彼女は、そして主に癒しを祈った多くの人々は出会いました。出会って「愛である癒し」を体験しました。

数え切れないクリスチャンたちが病気はもう治らないと覚悟したとき、「主の癒しなど信じて自分は愚かだった」とは言いませんでした。そうですよね。人生を振り返って、キリストがこんなに罪深い自分でさえ受け入れ、それまで自分を苦しめてきた重苦しい呪いと呵責から解き放ってくれたこと、それによって自分が、自分自身をもう一度受け入れることができるようになり、心を引き起こして歩み始めたこと、これこそが何ものにも代えがたい癒しでした。主を信じて祈るなら、たとえ病床にありつづけても例外なく分かち合える「癒し」です。

数え切れないクリスチャンが、死の床でキリストを呪いませんでした。「旅立ち」を前にして、その愛への感謝がすべてであったからです。

第42話　見えるようになりたい

ルカによる福音書18章35―43節

道ばたで物ごいをしていた一人の盲人が、「イエスがいまそこをお通りだ」という群衆のどよめきを聞くやいなや「ダビデの子イエスよ、わたしをあわれんで下さい」と声を上げました。人々が制止しても、ますます声をあげて叫び続けます。イエスは立ち止まり、彼を呼び止め、尋ねました。「わたしに何をしてほしいのか」。盲人の答えは「主よ、見えるようになることです」。そこでイエスが「見えるようになれ。あなたの信仰があなたを救った」と告げるとたちまち彼の目は開き、彼は立ち上がり主について行きました。

一瞬の出来事です。何ごともなかったかのように街はふだんの雑踏に戻ったでしょう。物乞いが一人消えていることに気づく人もいなかったでしょう。私たちもまた、主のおなじみのいやしの奇跡かと、何の気なしに読み過ごしてしまう小さな出来事です。

しかしこのすぐ後、福音が伝えるのがやはり「見る」ことをめぐる出来事であるのに気付くと、少し様子が変わってきます。「小さな出来事なんかではなさそうだ……」。正教会でこの福音が読まれる日曜の、次の日曜に指定されている福音箇所（ルカ19・1～10）です。

イエスが街に入って行くと税吏のかしらでザアカイという名の男が、通りかかるイエスがどんな人か「見たい」と思って、道ばたのいちじくの木によじ登りました。背が低かったので群衆に遮られて見えなかったからです。イエスは彼に目をとめ、「今日はあなたの家に泊まろう」と声をかけました。思いもよらない成り行きに、ザアカイは一瞬あっけにとられましたが、すぐに心にわき起こってきた喜びを抑えきれません。小躍りするように主を家に迎え入れたザアカイに、主は告げます。「今日、救いがこの家に来た」。

「見えるようになりたい」と望んだ盲目の物乞いは癒され、見えるようになりました。見えるようになった彼は、次には「見たい」という望みに駆り立てられて、まるで子供のようにいちじくの木に登ってゆくのです。(「ザアカイと物乞いはべつの人間じゃないか」などと突っ込みを入れないでください。聖書を味わうには、時にこのような古代の聖師父たちにはおなじみの「連想」が必要なのです)。

さて改めてこれらの出来事を読み解いていきましょう。彼は最初、「ダヴィドの子イエスよ、私を憐れんでください」と叫び続けていました。そして「見えるようになりたい」と訴えました。だから、彼の叫びは「見ることができない私を憐れんでください」だったのです。貧しい乞食だから憐れんで欲しいのなら、イエスに「どうして欲しいか」と尋ねられた時、即座に手を差し出し「お金を恵んでください」と願ったでしょう。そうではありませんでした。「見えるようになりたい」。

「見えない」自分が悲しかったのです。しかし何が見えないから悲しかったのでしょう。何が見えないから苦しかったのでしょう。何が見えないから人々が止めるのを意に介さず叫び続けたのでしょう。

おそらく、彼には自分には何が見えていないのか、自分は何を見えるようになりたいのかさえ、わかっていなかったでしょう。それは見てからしかわからないものです。ほんとうに欲しいものは、欲しいものを手に入れてはじめて、「これだった」とわかるものです。だから、ほんとうのものを見たい、探し出したい、ほんとうのものを手に入れたいと、心から望む人々の歩みはさまよいです。いつも手探りで歩いている盲目の彼と同じです。彼にはしかし確かなことがただ一つありました。「見えるようになりたい」という自分の望みです。

この彼に、イエスが通りかかり、イエスが立ち止まり、イエスが「見えるようになれ」と命じ、イエスが（同じ出来事を伝えるマタイによる福音書では）彼の目に触り、そして目を開けました。イエスは、目が見えるようになってすそをからげて木に登り、そこから見下ろす「もうひとりの彼」を見上げ、「泊めて欲しい」と願いました。そして迎えた彼を「今日救いがこの家に来た」と祝福しました。これらの出来事はみんな、いろいろ違ったかたちではあれ、いまここで礼拝に立ち、主を讃える私たちにも起きたことではなかったでしょうか。

そしてそのすべてが、イエスの成し遂げてくれたことでした。何もかも、私たちのために神であるのに、神である姿をなげうって、私たち「人」のすべてを分かち合ってくださったイエスがなさってくれたことです。私たちの手柄ではありません。すべてが恵みです。まことにまことにかたじけない……。

しかしそれでもなお私たちの側が、大切なものを捨てなかったから、この恵みに出会えたのです。……何を？

「見えるようになりたい」という望み、「自分は何が見たいのかさえわからない」という心のうずき、木によじ登ってでも「見たい」という魂の飢渇を、みずから「おセンチな青臭いたわごと」と言って切り捨てなかったからです。満たされない憧れに泣き続けたから、「主よ、私を憐れんでください」と闇に向かって叫び続けたから、ほんとうのものを一人の「物乞い」として乞い続けたから、とうとうイエスの目にとまり、その眼に触っていただけたのです。

その時、盲目の物乞いの物語が、税吏ザアカイの物語が「わたし」のうちに始まったのです。

そしてついに、私たちはこの光のあふれの内に置かれ、キリスト、神であるのに人となられたお方、ご自身のいのちを「世のいのちのために」（ヨハネ6・51）と差し出されたお方を囲み、礼拝に集められたすべての人々とともに、そのお体と血を分かち合います。

最後につけたしを一言。

主はこの盲目の人に「あなたの『信仰』があなたを救った」と告げたことを思い出しましょう。「信仰」が彼をいやしたのです。彼にあったたった一つの思い、「見えるようになりたい」という望みそのものが、信仰だったのです。

第43話　砕かれてはじめて——空っぽの器となって

ルカによる福音書5章1—11節

心がぼろぼろに砕かれ、自分をもうどうにも保ってゆけない、……そういう思いを経験したことがない方はまれでしょう。自分がその日までそれに寄りかかって、まずまず機嫌良く生きてきた、その自分への安定したイメージが、突然砕け散って、自信もプライドもどこかへ消え失せてしまう。

シモン・ペテロら、主イエスの最初の弟子となる者たちも砕かれました。

彼らはガリラヤ湖で生業《なりわい》を立てる漁師でした。子供の頃から親たちと共に網を引き、様々な漁の経験の中で腕を磨いてきた、いまや自他共に認める一人前の漁師たちでした。ところがこの朝は、彼らは岸に寄せた小舟の傍らで顔も上げずに、無口に網を洗っていました。昨夜はまったくの不漁だったからです。「腕のいい漁師」としての自負は揺らいでいました。しかしそれでも、彼らは「天気や水温などの条件が重なればこんなこともあるもの」と何とか自負心を保っていました。

そんな様子を見たイエスは言いました。

「沖へこぎ出して、網を下ろして漁をしてごらん」

シモンは「夜通し働いても、小魚一匹とれなかったんですよ」と思わず言い返しました。そこには「あんたは一人前の大工だが、漁は素人だろ、漁のプロのおれたちが何もできなかったのに、素人が何を言うんだ」というプライドがほの見えています。しかしシモンは「まあ、そうおっしゃるのでしたら」と、沖へこぎ出し再び網を下ろしました。すると、「おびただしい魚の群れが入って、網が破れそうになった」と福音は伝えます。シモンの呼び声に仲間たちもやってきて網を上げたところ、二艘の舟が沈みそうになるほどの魚がとれました。シモンは、他の仲間たちとともにイエスの膝元にひれ伏して、叫ぶように言います。

「主よ、わたしから離れてください、わたしは罪深い者です」。

この告白には、シモン・ペテロらのプロの漁師というプライド、自分への安定したイメージがこっぱみじんに砕け散ったことが表れています。

その時すかさずイエスはシモンに言い放ちました。

「恐れることはない。今からあなたは人間をとる漁師になるのだ」。

ペテロと仲間たちはすぐさま、「いっさいを捨てて」イエスに従いました。

彼らは、漁師としてのプライドが砕かれただけではありませんでした。これまでの自分の生き方が、それを支えていた自己満足が、このできごとをきっかけに、根こそぎに引き抜かれ、目の前でぼろぼろに砕かれたのです。しかし彼らは幸いでした。彼らを砕いたのが主イエス・キリスト、神の愛そのものであるお方だったからです。彼らは砕かれて、いのちの主キリストと共に生き、聖霊に導かれ、父に向かって限りなく高められてゆく恵みに入れられました。砕かれて始めて、この恵みを容れる、空っぽの器として新しく創造されたのです。

私たちも砕かれねばなりません。いや、さまざまな生きる苦しみに砕かれてぼろぼろにされ、希望を失ってしまいそうなとき、ペテロたちに起きたのと同じことが今自分に起きていると知らなければなりません。初代教会で聖書のように大切に読まれた「ヘルマスの牧者」（『使徒教父文書』講談社文芸文庫にも所収）という文書は「私たちの心と骨を砕くまで、神は私たちのもとを立ち去らない」とまで言います。

悔いに砕かれて、はじめて神の赦しの美しさを味わうことができます。弱さに砕かれて、はじめて神の強さを体験できます。苦難に砕かれて、はじめて神の恵みの揺るぎない慰めを知ることができます。砕かれるたびに、私たちは聖なるお方へと近づいてゆきます。詩篇51篇は「神の喜ばれる献げものは砕かれたたましい」と歌います。

ラザロの妹マリヤは、主の足に塗るために高価な香油の壺を砕きました。その時、香りが部屋いっぱいに広がりました。そして、主イエス・キリストご自身が十字架で砕かれたとき、神の愛の芳香が世界に広がっていきました。イエスを十字架にかけた百卒長は、その香りに最初に包まれた者でした。彼は砕かれついに息絶えた十字架の主を仰ぎ見て始めて「この方はほんとうに神の子であった」と認めるに至りました。

私たちも砕かれたとき、望みを失ってはなりません。私たちはこれまで何度も、十字架で「砕かれた」このイエスがよみがえったことを信じて、かろうじて生きる力を引き起こして立ち上がり、歩み出してきました。そうではなかったですか。砕かれるとき、それは恵みのときです。

第二部　「教会」理解の鍵——講演から、雑誌寄稿エッセーから

第44話　生神女マリヤ――正教の理解

これから「正教会のマリヤ観」と題してお話しいたしますが、格別むずかしい神学的な話ではありません。もとよりそんな能力も知識も持ち合わせておりません。じっさい、少しは知っておかなければと『カトリック大事典』（冨山房）での「マリヤ無原罪の懐胎」の項目を読んでみたんですが、その込み入った神学的発展や論争の歴史を読んでいる内に、チンプンカンになって放り出してしまいました。

私は今日は、マリヤについて正教会でごく普通に教えられていること、また奉神礼（礼拝）や日常の信仰生活の中にあるマリヤを紹介させていただきたいだけです。いわば正教の信徒が「マリヤ」さんとどんな風にお付き合いをしているのかをお伝えしたい、そしてちょっと欲張って、その中から正教会がキリストによる「救い」をどう理解しているかが浮き彫りになればと、願っています。

話が出たついでに、まず最初に「マリヤ無原罪の懐胎」というローマ・カトリック教会の教義に対し正教会がどんな態度を取っているかをお話ししましょう。

この教義は1854年、時のローマ教皇ピウス九世によって宣言されました。マリヤはその母の胎内に宿ったその瞬間から原罪のあらゆる汚れを免れていたというものです。この考え方は中世ローマ教会に生まれ、少しずつ影響力を持つようになりました。その間、ローマ教会で聖人に列せられるほどの神学者たち、たとえばベルナルド、ボナベントゥラ、トマス・アキナスなどの強い異論があったにもかかわらず、ついに19世紀半ば、教皇がその聖座から宣言するにいたった新しい教義です。この教えについて正教会はこぞって反対の声をあげました。

20世紀後半のアメリカ正教会の指導的な神学者アレクサンドル・シュメーマン神父はたいへん短い言葉で的確に正教会の反対論のポイントを示しています。神父はこう言います。

「マリヤは『偉大なる模範』であって『偉大なる例外』ではない。『無原罪の懐胎』の教えはマリヤを人間性に対する『偉大なる例外』にしてしまい、たんにその清らかさの程度が私たち普通の人間をはるかに超えているばかりではなく、私たちとは質的に異なる存在としてしまう」。

というのです。私たちはよく、格式の高い旧家に生まれた人たちを半分やっかみつつ「生まれが違う」と言います。しかしその場合「生まれが違う」は比喩にすぎません。どんなに生まれや育ちがよくても、しょせんは同じ人間です。しかし「無原罪の懐胎」という教えを認めればマリヤは私たちと質的に異なる人間、まさに「生まれが違う」人間になってしまう、それでは初代教会から古代、中世と受け継がれてきたマリヤというお方に対する福音的な喜び、意味づけが失われてしまうじゃないか、それが正教会の反対の根底にある危機感です。

マリヤが私たちすべてと同様に、アダムとエバが神に背いて以来深め続けてきた人間性の病をわかちあって生まれてきたからこそ、彼女の清らかさ、彼女の神への従順さ、そして彼女に教会の聖なる伝承が託し続けた徳とやさしさは、私たち信仰生活を歩む者の希望です。マリヤが偉大ではあれ「例外者」であるなら、マリヤの持つ聖性、マリヤに体現されている理想的な人間像は、そしてマリヤに与えられた神の祝福はどこまで行っても向こう側にあるもので、私たちが分かち合えるものとはなりません。

私たちもマリヤと同じように神の恵みの内を、信仰と従順と愛をもって神に向かって歩んでゆくなら、マリヤと同じように「神の子」を宿す者となる、やがてはこの宿された神の子を生涯を通じて目に見える者として、誤解を恐れずに言えば「産みだす」ことができる、これが私たちが「偉大なる模範」マリヤに喚起《よびおこ》される希望、福音です。

正教会はつねにマリヤを「ヘルヴィムより尊く、セラフィムに並びなく栄え」と讃えてきました。正教徒の最も耳になじんでいる祈り、礼拝のたびにくり返されるマリヤへの讃美の言葉です。ヘルヴィムやセラフィムという最も高い地位の天使たちと肩を並べる、いやむしろ彼らよりもっと尊い者としてマリヤを讃えているのです。ところが実は、これはひとりマリヤだけを讃えているのではありません。「神のかたちに、神に似せて」造られた人間が本来どれほど尊く気高い存在であるかを、またキリストが開いてくれた救いの道を歩むなら、私たちがどれほどの高みへと、マリヤとともに導かれてゆくのかを宣言しているのです。

さて、この「偉大なる模範」であるマリヤの模範たるゆえんは、何をおいてもまず、天使による「受胎告知」に「お言葉どおりこの身になりますように」と答えた神の意志への従順さでしょう。正教会はマリヤを生神女・テオトコスすなわち神の母と呼びます。これは古代教会全体が分かち合い、マリヤをそう呼ぶことに反対した異端者たちを教会から去らせるという重い代償まで払って守り抜いてきた称号です。私はこれまで「マリヤが……」とお話しして来ましたが、どうも落ち着きが悪い。ふだん通り「生神女」と呼ばせていただき、神を生んだこの女性が一体私たちにどう関わるのか、話を進めたいと思います。

今日のプロテスタントの方たちにはその教義においても信仰生活においても生神女マリヤの存在はほとんど無に等しいのではないでしょうか。おそらくそこでは、間違っていたらおゆるしいただきたいのですが、「神の子」をこの世に送るために神が一方的に選んだ「借り腹」としての意味しかないのではないでしょうか。また「お言葉どおりになりますように」という生神女の「同意」も実は同意ではなく、神の一方的な選びへの敬虔な畏怖の思いの表現にしか過ぎないのではないでしょうか。

私たち正教徒にとってこれはまがうことなく同意です。天使が伝えた神の意志へのまったく自由な同意以外の何ものでもありません。神はあらかじめ定めてあった「決定」を厳かに告知したのではありません。同意が得られない可能性も前提に神の意志を表明し、自由な者としての生神女にその「意向をたずねた」のです。この「かたじけないお申し出」に対して、しばし「思いめぐらした」生神女、思わず「そんなことがあり得るでしょうか」と声をあげた生神女、神は大きな期待と静かな励ましを秘めて彼女の答えを待ちました。

正教会で受胎告知を記憶する「生神女マリヤ福音祭」の祈りの中では天使の告知と、それをとまどい、ためらい受けとりかねているマリヤの対話が、ことさらに長々とくり返されます。こんなところで「神は全知全能だから彼女が承諾することを知っていたはず」などという人間の理屈を言い出しては、この出来事のリアリティは伝わりません。この生神女福音祭の天使とマリヤの対話はマリヤが自由な者として同意したという現実をこれでもかこれでもかと強調しているのです。これはまちがいなく同意です。もしマリヤが同意しなかったら、世界と人類に対する神の救いはまた別のものであったに違いありません。正教の伝統はむしろマリヤが同意しなければ「救いはあり得なかった」とさえ言いかねないほどこの同意を重視します。中世ビザンティンの神学者、ニコラス・カバシラスは神が人となるという偉大な救いの出来事は「父と、その力、その霊の働きだけによるのではない。それはまた童貞女の意志と信仰によるものである」と言っています。

彼女の心も彼女の体もこの同意に際し震えたに違いありません。まだ結ばれていない夫はどう受けとるだろう、人々は何と言うだろう。しかしついに生神女は「行きずりのローマ兵にレイプされたにちがいない」などという、当然予想される誹謗中傷をあえて覚悟の上で同意しました。

生神女の同意は、しかし彼女ただひとりの同意ではありませんでした。正教会は生神女に人類全体をかさねます。罪を深め続け、その深みから救いを呼び求める叫びが極まったとき、神の救済の歴史の決定的な時と場所にマリヤは立ち、そして救いを求めるすべての人々の同意を自らの同意として表明しました。だからこそ彼女は「例外者」であってはなりませんでした。生神女が同意したとき救いを求めるすべての人々が神の救いの意志に同意しました。神の子が人としてこの世に到来し、救いの完成へ向けて歴史は急展開し始めました。その時以来私たち一人ひとりが神を信じ、キリストによる救いに「同意」する時、いつも生神女はともに同意します。生神女と私たちはともに信仰を生きています。ともに神の恵みを分かち合っています。ともに礼拝し、ともに祈っています。

ここに近代的なキリスト教が「不純な信仰」、「偶像崇拝」とまで言って排除してしまった「生神女のとりなし」、さらに生神女を筆頭とする「諸聖人のとりなし」を理解する鍵があります。

「とりなし」――転達ともいいます――が「わからない」のは、「教会」がわからないからです。正教やカトリックの信者でも、もし「とりなし」がピンと来ない、「わかりづらい」のなら、それは転達者としての彼らのはたらきを、「教会」への理解抜きにただ「聖伝だから」と、鵜呑みにしているからです。

教会は共同体です。そんなことは、そこに集い、そこで共に祈り、主イエス・キリストの聖体血を受け続ける者なら、難しい神学を知らなくても、だれでも体験として知っています。しかしこの共同体はただの仲良しグループではありません。初代教会の教父聖エイレナイオスが巧みにたとえているように、十字架で天と地を再び結びつけたキリストが、手を広げてご自身のもとに集め直した「新たなる神の民」です。さらに人ばかりではなく、人の罪が引き寄せた腐敗の力に服していた被造物のすべてが、再び意味と輝きを与えられた「新たなる天地」です。かつて、そして将来、「今も何時も世々に」、主のもとに走りついた、また走りつく人々が「神のからだ」、「神の血」へと高められたこの被造物・パンとぶどう酒を分かち合う共同体です。その中にはすでに世を去った人たちもいます。神の恵みの中で、人として達することのできる極限まで神との交わりを深め高められた聖者たちもいます。時間と空間を超えて結び直された神と人、人と人、人と世界の「回復した交わり」、これが教会です。

「教会には救いがある」とよくいいます。これは教会の教える教えにみちびかれるなら、罪の赦しや道徳的完成、霊の平安を手に入れることができるということではありません。教会は救いの道具ではなく、救いそのものです。神の似姿として創造されたにもかかわらず自らの罪によってそれを失った人は、キリストの救いによって再び神の似姿を回復し、「栄光から栄光へと」主の姿に限りなく変えられ続けてゆきます。教会はこの救いの現実が生きている交わりです。主キリストが再臨された時に、目に見えるものとして打ち立てられる「神の国」がこの世の時の内に先取りされる場、この世にありながら終末的な「神の国」が体験される交わりです。そして神の似姿を回復するとは至聖三者の神のその愛――限りなく互いが自由であることによって限りなく互いが一致していくという愛――を回復するということです。この目もくらむような救いの現実が教会に、とりわけ主がいつまでもこれを行いなさいと命じられた聖体礼儀という主の食卓に差し出されます。この食卓には時空を超えて、主が迎え入れたあらゆる人々が集り、恵みとしてこの神の国の現実に与ります。正教の聖堂に、主のイコンはもちろんのこと生神女、諸聖人らのおびただしいイコンが描かれているのは、その現実をいわば「開示《マニフェスト》」するためです。

聖使徒パウロはこう言っています。「私たち一人ひとりは教会・キリストの体の肢体である。もし一つの肢体が悩めば、ほかの肢体もみな共に悩み、一つの肢体が尊ばれれば、ほかの肢体もみな喜ぶ」。そして手紙の末尾ではいつも、宛先の教会のために祈り、「聖徒たち一同があなたがたによろしく」と挨拶を送っています。共感しあい、配慮しあい、祈り合う「時と所を超えた交わり」が教会です。生神女に祈り、聖人にとりなしを願う、また死者のために祈る、もちろん生きている者も互いにいつも祈り合い助け合う、こういう人と人のあり方自体が実はキリストがくださった神の救いそのものです。生神女や諸聖人のとりなしは救いの手段のひとつではありません。信頼してとりなしを互いに願い合えることそれ自体に神の救いの現実を体験するのです。私たちがもし「私の救い主はキリストあなたお一人です、私は彼らのようにあなた以外の者に祈りませんと」と生神女に、また諸聖人にとりなしを願わないなら、キリストはむしろ私たちのその姿を悲しむでしょう。「私があなたたちのために回復したのは、互いに祈り合う愛の喜びではなかったのか」。

最後にこのイコンを見てください。小さな木の板に印刷されたイコンです。ロシアでも、ギリシャでも伝統的な正教国ではこのようなイコンが教会の売店で山のように売られています。そして、人々はこのイコンを自分のため、また友だちのため、さらにこれから出会うに違いない新しい友のために買い求めます。

実は私たちの信仰の仲間の一人が今重い病気と戦っています。これはそれを聞いてロシヤ人の信徒が「さしあげてください」と送ってきてくれたものです。生神女が病気で横たわる人の枕元に現れて彼を救ったという奇蹟を描いたイコンです。私も、また多くの教会の仲間たちも彼をたびたびこのイコンと同じように見舞い祈っています。生神女もやはり同じように彼の病床に立って祈ってくれています。私たちは苦難にある友への愛を、彼らのための祈りを、生神女の愛、祈りとして体験します。反対に生神女の愛を、祈りを、私たちの愛、祈りとして体験します。「ヘルヴィムより尊く、セラフィムに並びなく」栄えある生神女の光栄は、私たちがキリストの愛、聖霊の恵みの中で「愛し得る者」へと限りなく高められることによって、そこに招かれている光栄です。すでに私たち教会の内に宿り、やがて目に見える実りとして生み出されてゆく光栄です。

これが正教徒の生神女マリヤさんとのお付き合いです。

第45話　祈りに興じる——至聖三者修道院滞在記

伝統には誰でも近づくことができます。伝えられてきたものを忠実に再現することは根気さえあれば、いずれ誰にでも可能となります。幼い時から修行に励んでいれば、私だって今頃はいっぱしの職人でしょう。

しかし芸術にせよ、思想にせよ、生き方にせよ独自の新しい世界を創り出すのは誰にでも可能なことではありません。創造的《クリエイティヴ》という悪魔的な言葉にとりつかれ、どれほど多くの人々が人生を空費してしまったことでしょう。

生きること、そして日々の生活には安定したかたちが必要です。まずそのかたちを生活の律動《リズム》の中で、共に生きる人々と分かち合うことが、生きることの喜びや楽しさへの誰にでも開かれた入り口です。私たちの不幸はそのかたちを失ってしまったことです。

２００２年、2月末から3月始めにかけ10日間、モスクワから数十キロ北にある至聖三者・聖セルギイ大修道院（ラウラ）で過ごしました。７００年近い歴史を持つ、つねにロシア正教会の中心にあった修道院です。巡礼者や観光客への活発な対応へのいそがしさという外皮をはぎ取れば、「伝統」といったら他にどこで探せるのかというほど伝統的な暮らしがそこにあります。

朝の5時半、聖セルギイ（注：聖セルギイ修道院を設立したロシアの大聖人のひとり。Sergii Radonezhshkii, 1321~1392）の不朽体（聖人の遺体。朽ちずに残るとされる）を前にした聖人への感謝祷から始まり、徹夜祷（注：晩課・早課・一時課をひき続き祈る）が永眠修道士たちへのリティア（注：ここでは死者の記憶のために短い祈り）で終わる夜八時近く（日曜は徹夜祷が長く9時頃）まで、奉神礼を中心にした生活が毎日厳格に繰り返されます。修道院側から司祭としての私に丁重にも立派なゲストルームを提供されたため体験できませんでしたが、おそらく修道士たちの修室でも祈りや労働を中心にした伝統的な生活が規則正しく実践されていることでしょう。鈴の音で始まり、聖人伝の誦読の内に「粛々《しゅくしゅく》と」進む大食堂での食事にその片鱗をかいま見たと言えるかもしれませんが。

しかし、そこでは、伝えられたかたちに縛り付けられ、凍り付いてしまった人々は見受けませんでした。もちろん勝手気ままな無秩序な生活があるのでもありません。伝統やかたちがあるがゆえに人々は逆に解き放たれているとでも申しましょうか。

滞在二日目の日曜、見事な英語を話す修道女で、私のために大修道院（ラウラ）の案内をしてくれたセルゲイア姉に、「あれが鐘楼《しょうろう》です」とひとつの塔を指さされたとき、何の気なしに自分が神学生時代にニコライ堂で鐘を打っていたことを話しました。すると彼女は一人の修道司祭を引っ張ってきて「こんな訳だから夕方の打鐘の際にゲオルギイ神父を鐘楼に案内してやって欲しい」と頼んでくれました。その修道司祭コルニリイ神父は相好をくずして、繰り返し「4時45分だよ」と念押ししました。

約束の時間に行くと、すでに鐘楼へ招かれた巡礼者や子供たち十数人に囲まれて、こぼれるような笑顔のコルニリイ神父が待っていました。「こんなよいものを、こんなにたくさんの人たちに見せてあげられて、今日はなんてステキな日なんだろう」と言わんばかりです。手を取り合い、ひげ面で抱き合うや、ただちに出発です。工事中の場所もあり足場も悪い（危険と言った方が正確）階段を、弾むようにのぼっていく神父に続いてゆき、数分かかってようやく鐘楼に着きました。息切れでしばらく声も出ません。すでに若い修道士が大鐘を打っています。眼下には大修道院（ラウラ）が隅々まで見下ろせます。大修道院をとりかこむ門前町、人口五万人ほどのセルギエフ・パッサードの市街の向こう側は、雪におおわれた森や、教会の金色の丸屋根（クーポル）が散見されるだけの大雪原です。そのはるか彼方では、もう灰色の空と雪原との区別はつきません。

もう一人の修道士が時計をちらっと見て、大小の鐘が十数個並んでいる場所に上がり、規則正しい大鐘のテンポに滑り込むように幾つもの鐘を軽やかに奏ではじめました。修道士は大雪原の彼方を見つめながら、胸を張り、両手両足を繰って華やかに、力強く、そして繊細に複雑な響きを打ち鳴らします。その時、私は彼の姿に、伝えられた生活と伝えられた祈りのかたちに「興じる」幸福な人間を見ていました。すぐにその姿は、日本なら「もし事故でもあったら誰が責任をとるんだ」としか誰も考えないような、ブリキの切れっ端や木っ端が散在した鐘楼への階段を、「ここは危ない」「あそこは気をつけて」とにこにこしながら私たちを引率していったコルニリイ神父の姿にも重なりました。さらに身振り手振りよろしく、流ちょうな英語でこの大修道院（ラウラ）の聖なる歴史やたくさんの聖遺物を紹介してくれた、知的でしなやかな、ユーモアあふれるセルゲイヤ姉にもそのイメージはつながっていきました。彼女には修道女という言葉で連想しがちな「思い詰めた敬虔ぶり」など気配にもありませんでした。

修道院での10日間は、このような、連綿と伝えられてきた祈りの生活に「興じる」人たちの発見の日々だったとも言えるでしょう。

鐘楼《しょうろう》から大急ぎで向かった、二千人は収容できるかと思われるセルゲイ聖堂ではすでに晩祷が始まっていました。修道士たちは思い思いに立っていたり座っていたり。誰かが立ち上がれば、他の誰かが座るということもあります。それをいちいち咎める人など一人もいません。

朗々とスティヒラ（讃詞《さんし》 正教会における祈祷文）の句を読み上げる司祭も、それに答えて交互に唱う左右の聖歌隊も「楽しそう」なこと。神学生や神科大学（アカデミア）の学生たちに修道士も混じる若さみなぎる聖歌隊です。互いに競い合う様子が手に取るように伝わります。自分たちの部分を元気よく歌い終えると、「次は俺たちだ」と待っていた向かい側の聖歌隊に向かい「どんなもんだ」とガッツポーズさえ送りかねない張り切りようです。

宝座への接吻のために至聖所へ入ると、ポリエレイ（注：早課《そうか》の一部で福音経を携えて、聖職者たちが至聖所から一般信徒の立つ聖所に出て祈るもっとも華やかな部分）に備えて司祭たちが金色の祭服をまとって待っています。若い司祭たちが挨拶に来て、「こんなよい所へ、遠いところからまあ、よく来たじゃないか」……そう言っているかのように、ぎゅっと手を握り、ガバッと頬を寄せ、ひしと抱きしめてきます。高座の長いすに座っているミトラ（冠）をかぶった年輩の高位司祭たちは、なにやら楽しげに小声で頷き合いながら、豊かな白い髭をしごいていたりします。恰幅のよい掌院《しょういん》（注：高位の修道司祭のタイトル、修道院長という意味だがたぶんに名誉的なもの）とおぼしき神父が私に目をとめ、歩み寄ってきてロシア語で話しかけました。多分名前を聞かれたのだろうと「ゲオルギイ」と答えると、至聖所の奥からエピタラヒリとフェロンを持ってきて「アチェツ（注：神父への敬意と親しみを込めた呼びかけ）・ゲオルギイ。ポリエレイ（が始まるから、祭服を着なさい）」と差し出してくれました。その時のゆったりと包み込むような笑顔にほっとしたこと。やはり相当緊張していましたから。

　そんな至聖所内には、「今日も神さまを美しい祈りで讃えさせていただける」ことへの、子供っぽいとも言えるナイーブな期待感があふれています。ここにも伝えられた祈りの生活に「興じる」人たちがいました。

　しかしもっと印象的だったのは、ポリエレイを終えて聖所に戻ったときでした。イコノスタス（聖所（内陣）と至

エピタラヒリ（右）
フェロン（左）

（聖所を区切る、イコンで覆われた壁）の前に置かれた幾つもの燭台のローソクをうやうやしく世話している初老の修道士がいます。燭台のすぐ下に置いてある箱から新しい長いローソクをとり出して、短くなったものと取り替え、熱で曲がったものは引き抜いて、冷ましながら、ゆっくり何回かしごき真っ直ぐにのばして差しなおします。それを見ている私の視線に気づいたのか、彼はすっと胸を張り、こちらに顔を向け、口元に何とも言えない誇らかな笑みを浮かべました。次の日も、また次の日も修道院滞在中ずっとそれは変わりませんでした。これまでも、これからも同じでしょう。その誇らかさは、何ごとも上長に絶対服従して、従順に、謙遜に……、といった修道士の紋切り型のイメージでも、下積みの人たちにありがちな「俺はもう何十年この仕事を受け持ってきたんだ」といった押しつけがましいプライドとも違うものでした。やはり、祈りに「興じる」、その無条件のしあわせに自分も与れることへの喜びの表現でしょう。彼の仕事が聖歌隊や、まして聖職者たちの華やかな仕事ではなかったので、なおさら彼の誇らかさは、正教会が祈りを「奉神礼」、ギリシャ語でリトゥルギア、すなわち神の民の「仕事」と呼ぶ意味を実感させてくれるものでした。そういえば四時間近く、十字を切り叩拝（深く腰を折っておじぎをすること）する以外にはほとんど同じ場所で立ちつくすばかりの千人以上の会衆も、たとえ肉体は苦痛でも心では、仕事（リトゥルギア）の一翼を担う者として「正教会の伝える『立って祈る』というかたち」に「興じて」いるのではないか、そんな思いすら浮かびました。

例をあげればきりがありませんが、祈りに興じる人たちを他にもたくさん発見しました。奉神礼の場だけではなく、そこでは生活全体が祈りへの備えとして「祈りの生活」です。この大修道院（ラウラ）全体が、祈りに、すなわち生活に興じているといってもよいでしょう。

しかし、この発見は大修道院だけでのことではありませんでした。大修道院を辞して二日後、帰国の日の朝、モスクワの友人が通う教会の聖体礼儀に与りましたが、そこにも祈りに興じる人たちがあふれていました。古い聖堂の修復作業に信徒が何年も協力を続けているという、内部に足場を組んだままのこの小さな教会も、やはり祈りに興じていました。

しかし私は、「やっぱりロシアは……」と言いたくてこんなことを申し上げてきたのではないのです。

帰国して三日目、充分に疲れが取れないままに立った名古屋教会（本稿執筆当時の私の管轄教会）の聖体礼儀、ここにもはやり「祈りに興じる」なつかしい仲間たちがあふれていました。尋ねてきた人が、なんと教会の門前から「道に迷ってしまいました」と携帯電話をかけてきたことがあるほどのつつましい会堂です。しかし、信徒全員が無事領聖（イエス・キリストの正体血である聖餐に与ること）した後、ポティール（正教会の聖体礼儀において用いられる金属製の杯）を掲げて堂内を見渡したとき、堂内全体が喜びで輝いていました。大修道院の聖体礼儀にあった喜び、モスクワの町の教会にあった同じ喜びが、ここにもありました。これまでにもあったし、これからもあり続けるでしょう。

おそらく日本中の正教会で、小さな教会でも大きな教会でも、正教徒なら誰でも知っている、神さまの前に子供らしいキマジメさで奉神礼を献げさせていただける、言いかえれば祈りに興じさせていただけることへの感謝と喜びがあふれているはずです。伝統的な正教国の教会にも、伝道教区の小さな集いにも、世界中の正教会に日曜日を待ち望む人たちの「日曜日に向けた生活」がいきづいているはずです。

これこそキリストを愛し、その尊体血を分かち合う人々の集いにあふれている聖霊が、私たちに贈ってくれる至福《さいわい》です。寒風吹き抜ける鐘楼でコルニリイ神父が、暗い聖堂内でローソク係の修道士が、あらためて、またハッキリと確かめさせてくれた至福《さいわい》です。

46話　「驚き」の回復のために

降誕祭の斎《ものいみ》に備えて

キリスト教ほど行儀の悪い宗教はありません。

その振る舞いではありません。キリスト教は今や社会に所を得て上品にすましかえっています。行儀が悪いのはその教えです。とりわけ正教会が古代から付け加えも差し引きもせずに守ってきたと胸を張る「正統教義」です。

ユダヤ教とイスラム教は唯一の神を「唯一」として信じます。論理的です。仏教は超越的な人格神には関心はありません。人と世界の現実への透徹した認識――「悟り」――がその真骨頂。本来、宗教と言うより哲学です。儒教は人と人がどう仲良く生きるべきかという人間的知恵の洗練です。また人気のある「新宗教」はほとんど、いろんな宗教や思想から「俗受け」する所だけを寄せ集めた折衷であったり、宗教的「迷彩」を施した「ちょっといい話」にすぎません。共感できるかできないかは別にして、いずれにも常識は揺さぶられません。

それに対しキリスト教の教義は私たちの常識や理性に真っ向から挑みかかります。正教徒が十字をかく時の手のかたちは、キリスト教の根本教義を表します。合わせた三本の指は「至聖三者」、折り曲げた二本の指はキリストの「神人両性」です。「至聖三者」は「聖なる三者、三つの神」ではありません。唯一の神が父と子と聖霊のお三方《さんかた》であり、このお三方がどこまでもお三方でありながら一体の神であるということ。一が三であり、三が一であるという常識や理性では納得も説明もできない実に「行儀の悪い」教えです。「神人両性」は、その至聖三者のお一方《ひとかた》「子」（「ことば〔ロゴス〕」とも呼ばれる）が、神であるのに「おのれをむなしくして僕のかたちをとり人間の姿になられた」（ピリピ2・7）、すなわち「神が人となったこと」（「藉身《せきしん》」）を表します。冒瀆とさえ言えませんか。よくぞ、キリスト教二千年、無数の普通の人たちがこんなことを信じてきたものです。

実際、「神が人となったお方・キリストを、目で見え、手で触れるお方としてイコンに描くことは正当でふさわしい」ということが最終的に認められた「正教勝利の日」

（843年）まで、教会はこの教えの行儀の悪さに文字通り悪戦苦闘しました。「神と人とは別のもの、被造物である人が同時に創造者である神ではあり得ない」、常識はこう教えてきました。異端者たちはこの常識に合わせた合理的説明を次々と考え出して、この教えの「行儀の悪さ」に挑みました。教会は何度も異端派のもっともらしい説に押し流されそうになりましたが、そのつど公会議を開き、激しい論争の末、驚くべきことに例外なく理屈に合わない行儀の悪い考えの方を支持して「正統」に踏みとどまりました。

それはキリスト教が、人が考えた思想体系でも辻褄合わせた「教え」でもなく使徒たちの体験の継承だからです。使徒たちは、共に飲み食いし語り合ったイエス、時に怒り、涙を流し、疲れ果てたイエス、まぎれなき一人の「人」を神として体験しました。「あなたはわたしの愛する子」と天上から神がイエスに呼びかけるのを聞き、イエスが行った奇跡に何度も立ち会い、高い山の頂きで白く輝くお姿に圧倒されました。そして使徒たちはついに、十字架でまちがいなく死んだはずのイエスと直接出会いました。疑い深いトマスは復活の主から「信じられないなら、ここに指を入れてみよ」と脇腹の傷を示され「おお、わが主、わが神よ」とひれ伏しました。「わたしはあなたの神、主であって、……あなたはわたしのほかに、なにものをも神としてはならない。……それにひれ伏してはならない」という十戒の教えが骨の髄まで染みこんだれっきとしたユダヤ人が、何と、イエスという「人」にひれ伏し「わが神よ」と告白してしまったのです。

この使徒たちの「驚くべき体験」こそ伝えられるべき福音であり、受け継がれるべき「聖伝」に他なりません。キリスト教の「教え」は宗教的慰安や道徳的向上に人々を導くために考え出された思想ではありません。言葉では言い尽くせない使徒たちの体験、その驚きが異端的な「考え」によって損なわれることなく伝えられるために、やむなく最小限の言葉にその体験を託したものです。論理的に破綻がないよう筋道を立てて考え出したのではなく、本来言葉では言い尽くせない体験を言語化したものです。行儀の悪さは避けられません。逆に言うとこの正統教義の理性と常識を逆なでする行儀の悪さこそ、教会が伝え続けてきた使徒たちの体験がホンモノであった証しです。

11月27日「フィリップの斎《ものいみ》（断食）」が始まり、教会は神が人となったこと「藉身《せきしん》」を祝う降誕祭に備えます。その備えの出発点は、私たちが使徒たちのこの驚きを「今」いきいきと分かち合っているかどうかを振り返ってみることです。それを失っているなら「ジングルベル」に浮かれる人たちを笑えません。

正教会は「神が人となった」ことをめぐり深い神学を展開してきました。しかし「神が人となった」は、その神学のバックアップのために考え出された教義的前提などではありません。使徒たちがイエスという人に出会って体験した現実、そして、やがて喜びへと高められていった彼らの、そして教会の、驚きの叫びです。

私たちは降誕祭の夜「今、処女は永在の主を生む……」と歌います。まさに「今」その使徒たちの驚きの場に連れ戻されます。斎をしてお腹をすかせ、人の弱さと自らのこととして体験しなおすのはその「驚きの回復」への備えです。

第47話　正教の礼拝

受難週

大斎《おおものいみ》（四旬節）の四十日を終え、教会は「枝の主日」にそなえる「ラザロの土曜日《スボタ》」から受難週を迎えます。私たちの四十日の「精進」はついに何ごとをも成し遂げられませんでした。自らの存在そのものに悪質なガンのように「浸潤」した罪、それを摘出しようといじり返せば返すほど、全身にそれを散らしてしまう結果にしかならない、私たちのまったくの無力を、思い知らされただけです。誰に強いられたものでもなく自分で決めた、たかだか数十日間動物性食品を口にしないという決心は、いろんな言い訳で何度も破られました。そんな私たちが他人の悪口やゴシップを「節制」できようはずがありません。嫉妬や憎しみを克服できようはずがありません。仮に完璧な節制ができたなら、それは高慢と「できない」者たちへの軽蔑へとやすやすと転換してしまいます。

人の霊的精進はついに座礁し、「神よ我を憐れみ、我を憐れみたまえ」という、大斎の初週、毎夜くりかえし唱えられた嘆願へと私たちは呼び戻されます。

しかしそれにもかかわらず正教の受難週の礼拝には祝祭の色合いが底流しています。そしてそれは日を追うごとに濃厚になってゆきます。連祷に会衆が応える「主、憐れめよ」のメロディはもの悲しい「大斎調」から甘やかな「受難週調」へと変わります。ほとんどが単調な聖詠誦読で構成されていた礼拝に、美しい聖歌が少しずつ加えられてゆきます。そして何より大きな変化は聖書誦読に福音書が加えられることです。大斎期間の平日には新約聖書の読みはありませんでした。受難週に入りまず、聖大月曜から水曜までの時課祈祷でマタイ福音書からヨハネ福音書の受難の直前までが読破されます。木曜の夜行われる「聖大金曜の早課」では十二箇所に分けられた主の受難の福音が、「告別の説教」からついに主の墓が封印されるまで美しい聖歌に枠取られて読み上げられ、人々は手に持つローソクの光りを見つめながら耳を傾けます。さらに翌日、金曜の「王時課」から主の埋葬を記憶する「葬りの晩課」へと、福音の読みは十字架へと焦点を結んでゆき、「我が神、我が神、なんぞ我を捨てしや」という叫びに主の受難は極まります。神にまで見捨てられるという人の究極の孤独を、何と神であるお方がお引き受けになりました。だから私たちはもはや孤独ではありません。私たちの孤独は究極の孤独を担われたお方に分かち合われています。私たちはもはや独りぼっちで死ぬのではありません。主とともに死にます。そしてそれは復活へのただ一つの入り口です。その夜行われる「聖大土曜の早課」はもうしっかりとその喜びを秘めた律動として進みます。そこでは第百十八聖詠（119詩編）の各節ごとに挟み込まれて歌われる「讃美詞」が、その「死をもって死を滅ぼす」（「復活《パスハ》の讃詞《トロパリ》」から）キリストの勝利を讃えます。主の復活を預象したエゼキエル書が、聖大土曜という主の沈黙の日に、実は密やかに始まっている偉大なわざへ私たちの心を向け変えさせます。

「言よ、爾甘《なんじ》んじて死者として柩《ひつぎ》に入りたれども生き、かつ我が救世主よ、かつて預言せし如く、爾の復活をもって人々を興《おこ》し給う」（「讃美詞」から）

「視《み》よ、動きあり、骨相近づきて、各々その合うべき骨に連なる。我観《み》しに、視《み》よ、その上に筋あり、肉生じ、皮これを覆えり……。神《しん》（霊、息）彼らの中に入り、彼らすなわち生きて、その足にて立てり。はなはだ大いなる群衆なり」（エゼキエル書37・7―10）。

人々はこれらの言葉を、シャンデリヤの消された堂内、中央に安置されわずかな灯火で浮かび上がる、埋葬された主を描いた「眠りの聖像」を前に聞きます。私たちが心から待ち望んできたことが、一つ一つ成就してゆきます。大斎でついに何ごとも成し遂げられなかった私たちによってではなく、キリストによって。受難週に私たちがなすべきことは、この成就を一つ一つ神の救いのわざとして見届けてゆくことだけです。ついに人は無力でした。しかし人となった神、キリストがすべてを成し遂げました。私たちには今やそれを受けとり、目前に迎えるパスハの喜び、神の国の成就の宴へ入ってゆくこと以外残っていません。

教会はこのように、大斎、受難週、復活祭へと続く礼拝を通じて私たちに起きたこと、私たちに起きつつあること、そして私たちに約束されていることを、私たちに体験として差し出します。その体験は決して典礼劇として繰り返される模倣ではありません。主のたった一度の完全な救いが繰り返され得るはずはありません。しかし教会の礼拝は、私たちをそこにあふれる聖霊の働きによって、そのたった一度の時と場所、二千年前のあの十字架のもとへ連れ戻します。終末に約束される「神の国」、よみがえりの宴へ引き上げます。この聖霊の働きの中で読まれてはじめて「みことば」はただただ信じることを要請されるばかりの「教え」ではなく、「いのちのことば」として私たちを生かします。

松島雄一（まつしま・ゆういち）

1952年香川県生まれ。印刷会社営業職を経て、1990年正教神学院入学、1993年卒業と同時に司祭叙聖され、今日に至る。名古屋ハリストス正教会、半田ハリストス正教会管轄司祭等を経て現在、大阪ハリストス正教会司祭。

訳書：『正教会入門』ティモシー・ウェア（2017）、アレクサンドル シュメーマン『世のいのちのために──正教会のサクラメントと信仰』（2003）共に新教出版社。アントニー・M・コニアリス『落ちこんだら──正教会司祭の処方箋171』（2017）、ヨベル。
監修：ジョセッペ三木『師父たちの食卓で──創世記を味わう　第1章〜第3章』（2015）、ヨベル。

YOBEL 新書 054

メッセージ集　神の狂おしいほどの愛

2019年10月20日 初版発行

著　者 ── 松島雄一

発行者 ── 安田正人

発行所 ── 株式会社ヨベル　YOBEL, Inc.
〒113－0033 東京都文京区本郷4－1－1　菊花ビル5F
TEL03－3818－4851　FAX03－3818－4858
e−mail・info@yobel.co.jp

印刷 ── 中央精版印刷株式会社

配給元─日本キリスト教書販売株式会社（日キ販）
〒162－0814　東京都新宿区新小川町9－1
振替 00130－3－60976　Tel 03－3260－5670

ISBN978－4－907486－95－2 C0216

本文中の聖書引用は『聖書 口語訳』（日本聖書協会）を使用しています。